U0621852

Albert Schweitzer

Albert
Schweitzer

Aus
Meinem Leben
und Denken

史怀哲 自传

我的生活与思想

[德] 阿尔伯特·史怀哲 —— 著

钟宝珍 —— 译

当代世界出版社
THE CONTEMPORARY WORLD PRESS

图书在版编目（CIP）数据

史怀哲自传：我的生活与思想 /（德）阿尔伯特·
史怀哲著；钟宝珍译 . —— 北京：当代世界出版社，
2023.1
ISBN 978-7-5090-1698-5

Ⅰ . ①史… Ⅱ . ①阿… ②钟… Ⅲ . ①施韦策
（Schweitzer, Albert 1875–1965）– 自传 Ⅳ .
① K835.656.2

中国版本图书馆 CIP 数据核字（2022）第 204587 号

书　　名：史怀哲自传：我的生活与思想
作　　者：（德）阿尔伯特·史怀哲
译　　者：钟宝珍
出版发行：当代世界出版社
地　　址：北京市地安门东大街70-9号
邮　　编：100009
出 品 人：丁　云
监　　制：吕　辉
选题策划：高　冉
特约编辑：昝建宇　陈珂宇　刘纯熙
编务电话：(010) 83907528
发行电话：(010) 83908410（传真）
　　　　　13601274970
　　　　　18611107149
　　　　　13521909533
经　　销：新华书店
印　　刷：北京汇瑞嘉合文化发展有限公司
开　　本：710毫米×1000毫米　1/16
印　　张：18
字　　数：196千字
版　　次：2023年1月第1版
印　　次：2023年1月第1次
书　　号：ISBN 978-7-5090-1698-5
定　　价：68.00元

一个敬畏生命的人

贾文山

查普曼大学（美国加州）终身教授

山东大学特聘教授

感谢当代世界出版社给我这个机会为史怀哲先生的中文版自传撰写序言。惭愧的是本人对史怀哲先生的研究不够深刻，但是先生提出的"敬畏生命"的伦理观，以及其毕生追求的国际人道主义精神，多年来一直潜移默化地影响着我。

虽然史怀哲先生已经过世 57 年，但是他的大我精神留给我的印象依旧分外深刻。我清晰地记得 18 年前，也就是 2004 年，我从美国东海岸前往西海岸的查普曼大学任教。多年来，我每日工作的教学楼前就矗立着一座史怀哲先生的雕像。而在我每日前往教室的路上就会经过有关他在非洲从事慈善事业的展览，那里记录了他给当地人治病和传教工作的丰富经历，还陈列了他收藏的非洲本土文化艺术作品。

史怀哲先生长期坚持为非洲主张种族平等和国际正义，反对白人对黑人的种族歧视，于1952年获得诺贝尔和平奖，并被许多国家的人视为全球公民的典范。查普曼大学多年以来秉持着培养全球公民的教育使命，而我作为该大学的一名教授也将全球公民的素质教育视作我的职业追求之一。我在查普曼大学经常教授的课程有全球跨文化交流学、全球公司组织沟通学等，常常在课堂上将史怀哲先生作为全球公民榜样介绍给学生们。

史怀哲先生长达九十年的生命中，充满了可歌可泣的感人事迹。他多才多艺，拥有多重职业身份。他不仅是哲学家、神学家、作家，通过写作表达他对宗教伦理与生命价值的深邃思考；他还是远赴非洲、治病救人的仁心医者，通过对先进医学技术的学习与实践，为生活在贫穷与疾病中的人们带来健康与希望；他也是才华横溢的音乐家，管风琴演奏既是他的兴趣，亦是他的职业。与此同时，他以其顽强的信念与伟大的壮举，为消除地区矛盾和世界和平贡献了不可或缺的力量。他虽出身西方，但他的仁慈与善心并没有让他停留在西方主义偏狭的视野之中，而是切实关注到了其他文明、文化之中每一个具体的生命。针对西方侵略者对非洲文明的殖民与霸权，史怀哲先生从"敬畏生命"的角度出发，对相关暴行进行了反思与批判，同时尽其最大所能亲历亲为，对苦难中的人们表达关怀、给予帮助。可以说，史怀哲先生正是用其毕生的精力，将他思想上智慧的成果与医学上精湛的技术贡献于消除差异、和平对话的伟大事业之中。他拥有浩然正气、贯彻始终的毅力与无私的大爱，值得成为世人的榜样。

孔子说："夫仁者，己欲立而立人，己欲达而达人。"史怀哲先生正是这样一位仁者。他的仁爱不仅从行动上解除了许多非洲人的病痛，也从精神上唤起了人类的良知。这本《史怀哲自传》，正是从史怀哲先生亲身经历的角度，以第一人称视角带领读者感受他的生活与思想历程。通过这些文字，读者能够更直接地感受到史怀哲对生命的尊重与敬畏，更深刻地了解"敬畏生命"理念在史怀哲心中萌芽生长的过程，并在字里行间感受这样一份情怀。精神富足才会令人产生铭刻的感动，才能为人的心灵带来平静，而这本书正具有一种激励人心的力量。

这个敬畏生命的伟人，用他的传奇经历证明了个体内在所蕴藏的无限可能。只要敬畏生命，每一个人都有可能通过实际行动以自己的方式影响世界，为更多的人带来福祉，为世界和平带来希望。史怀哲精神需要发扬光大，史怀哲先生的故事更需要代代相传。

前　言

　　1929 年，我在菲力克斯·麦纳（Felix Meiner）出版社出版的《自我表述的当代哲学》第 7 卷里，以 42 页的篇幅叙述了自己学术工作的开展过程与具体内容。该书同时收录了来自耶拿的包赫（Bauch）、米兰的吉米立（Gemelli）、乌普萨拉的赫格斯东（Hägerström）以及布拉格的奥斯卡·克劳斯（Oskar Kraus）等人所著的文章。

　　那本书是专业知识合集，原本以对此内容感兴趣的读者为阅读对象，可是在图书出版时却经常遭到某种误解，好像它不仅要、也应该要展现我的想法与人生。为了排除这种误解，我决定把那篇文章写得更完整些，使其不仅能涵盖我的学术工作内容，也能大致描绘我的人生历程和我对生命的思索。

阿尔伯特·史怀哲

1931 年 7 月 13 日

于非洲兰巴雷内（Lambarene）

目　录

一、童年与求学岁月

1875年1月14日，我出生于上阿尔萨斯的凯瑟斯堡（Kaysersberg），在家中排行老二。我的父亲路德维希·史怀哲在这个以天主教信仰为主的小教区里担任代理牧师，服务一小群新教徒。我的祖父则在下阿尔萨斯的法芬霍芬（Pfaffenhofen）当老师，兼管风琴手，他的三个兄弟都是同行。我的母亲阿黛儿也来自牧师家庭，原姓席林恩，故乡是上阿尔萨斯明斯特（Münster）谷地的穆尔巴赫（Mühlbach）。

在我出生几个星期后，父亲带着全家搬到了明斯特谷地的根斯巴赫（Günsbach）。我和三个姐妹、一个弟弟在那里度过了一段非常快乐的童年时光。那段岁月里唯一的阴影是父亲身体欠安，经常生病。幸好他的身体状况逐渐好转，即便第一次世界大战时他已经七十几岁了，但身体依然硬朗，能管理好他的教区。当时，从佛日山脉高地射向谷地的法军炮火，甚至造成根斯巴赫部分房舍损坏与居民伤亡。父亲于1925年以高龄去世，母亲则于1916年在根斯巴赫和威尔（Weier）之间的路上遭到骑兵队袭击，不幸身亡。

我5岁时，父亲开始用外祖父留下的那台古老的方形钢琴教我弹琴。

他的琴艺其实并不特别高超，但即兴弹来却极为悦耳动听。所以，当7岁的我以自创的和弦在学校的风琴上弹出圣歌曲调时，老师吓了一大跳。到了8岁，连脚都踩不到踏板的我已经开始弹起了管风琴。大概是因为我的外祖父不仅喜爱弹琴，还热衷于制作管风琴，我便从他那里继承了对管风琴的热爱。据母亲回忆，他的即兴演奏相当精彩。不管到哪个城镇，他总会特意去了解当地的管风琴。当琉森大教堂配置那架著名的管风琴时，他还特地跑去观察那些师傅是怎么安装它的。9岁时，我第一次被允许替代教堂原本的管风琴手，在做礼拜时进行演奏。

1844年秋天之前，我都在根斯巴赫村子里的小学上学。之后，我在明斯特实科中学（以实用课程为主，无须学习古典语文）念了一年，同时通过课后学习拉丁文，为衔接普通高中二年级做准备。

隔年秋天，我便转到位于阿尔萨斯慕尔豪森（Mülhausen）的文理中学就读。我的教父好意收留了我。他是祖父的继兄，也叫路德维希·史怀哲，是当地小学的校长。如果单靠父亲当牧师的微薄收入，我几乎不可能读完普通高中。

这位伯公与其妻子膝下无子，他们对我的严格管教让我受益无穷。每当回想起他们对我的好，我心里总是怀着深深的谢意。

就读小学与中学时，尽管我在阅读和写作上有些吃力，但成绩总算还过得去。然而，刚进普通高中时，情况却糟透了。追根究底，不只在于我怠惰因循或爱做白日梦的毛病，也在于我那靠课后补习的拉丁文水平根本应付不了第五年级¹的功课。直到第四年级时，导师威曼博士传授给我正确的学习方法并给予我自信心后，我的成绩才有所提升。刚上过几天他的课后我就认识到，这位老师备课非常认真，每节课都尽心尽力，这对我的影响尤其深远——在我心目中，他是善尽职责的典范。后来我总是会回去拜访他，然而我在大战结束前后那段时间回到斯特拉斯堡——也就是他最后所住的地方——向人问起他时，才知道他在动乱饥馑之中精神受创，已自寻短见离开人世了。

我在慕尔豪森的音乐老师是尤金·孟许（Eugen Münch）。年纪轻轻的他刚从柏林音乐学院毕业，深受当时正兴起的巴赫热潮的影响，是当地改革教派圣史蒂芬斯教堂的管风琴手。我能够尽早熟悉莱比锡圣托马斯教堂唱诗班指挥的作品，并从15岁起就接受扎实的管风琴指导课程，完全归功于他。1898年秋天，他因感染风寒而不幸英年早逝，之后我曾在一篇以法文撰写的短文中描绘他的身影，以兹追悼。这篇文章²后来在慕尔豪森被发表，那是第一次有人把我写的文字印出来。

上中学时，我最感兴趣的科目是历史和自然科学。我的历史老师是考夫曼（Kaufmann）博士，他与一个来自布雷斯劳（Breslau）的历史学家是兄弟。福斯特（Förster）博士，也就是我的自然科学老师，他的课真是精彩无比。

至于语文和数学这两科，我就得下很大功夫才能取得一点成绩。但

---

1 译者注：德国传统文理中学一共有六个年级，其中第一年级为最高年级。
2 作者注：后收录于《尤金·孟许》（慕尔豪森 Brinkmann 出版，1898年，共28页）。未署名。

渐渐地，我反倒被激发出一种斗志，想学好那些我原本不怎么有天分的科目。于是到高年级时，虽然我还算不上最顶尖的学生，但也总算在成绩优秀者之列了。假如没记错的话，在写作上，我倒是经常拿第一的。

到了最高年级时，拉丁文课与希腊文课的老师是来自吕北克的威翰·迪克（Wilhelm Deeke）校长，他学识丰富，才能杰出。他从不以语言学家枯燥乏味的风格上课，而是让我们在熟悉古典哲学内涵的同时，把眼光放在当代新思潮上。他还非常推崇阿图尔·叔本华（Arthur Schopenhauer），可谓其忠实的追随者。

1893 年 6 月 18 日，我通过了毕业考试。我的笔试成绩并不算特别出色，写作成绩也不尽如人意，不过在口试时，我对历史的认识与见解引起了考试委员会主席的注意。他是从斯特拉斯堡来的督学亚伯瑞希特（Albrecht）博士，他在我的历史考核表上特别标注并附上"相当优异"的评语，为我平淡无奇的毕业成绩单增添了亮点。

同年 10 月，因得到在巴黎定居、经商的伯父的慷慨资助，我得以亲炙巴黎管风琴大师查尔斯·马利·魏多（Charles Marie Widor）的管风琴课。也因为我在慕尔豪森的老师教导有方，通常只教音乐学院管风琴班学生的魏多老师听过我的弹奏后决定收我为徒。他的课程对我来说具有关键意义。在他的引导之下，我的技巧更加扎实精进，我被激励着，更加努力追求尽善尽美、生动立体的演奏。与此同时，魏多老师让我渐渐明白了音乐结构的重要性。

10 月底，我进入斯特拉斯堡大学学习，并住在附属于圣托马斯教堂的神学院（威廉学院）宿舍里。当时的院长是学识渊博的亚佛列德·艾瑞森（Alfred Erichson）教士，他正忙着完成一大部加尔文作品集的编纂工作。

当时斯特拉斯堡大学正值全盛时期，不论教师或学生，皆不受制于传统，都希望通过实践而成为新时代高等教育学院的典范。教师中很少有老态龙钟的教授，校园里充满蓬勃的朝气，青春焕发。

我同时选修了神学与哲学课程。然而，因为中学时只学过一点基础的希伯来文，所以后来准备希伯来文能力测试时，我几乎花费了整个第一学期，还好经过一番苦读，终于在 1894 年 2 月 17 日这天惊险过关。这件事再度激发了我的斗志，我决心战胜那些因老天没赐予我天赋而造成的阻碍，并最终扎扎实实地掌握了希伯来文。

希伯来文能力测试带给我的烦忧，并没有阻碍我学习的热情与求知的渴望。我选修了霍兹曼（Heinrich Julius Holtzmann）先生关于对观福音——也就是《新约圣经》的前三卷《马太福音》《马可福音》《路加福音》——的讲座，以及文德尔班（Wilhelm Windelband）先生与齐格勒（Theobald Ziegler）先生的哲学史课程。

1894 年 4 月 1 日，我入伍服役，开始了为期一年的军旅生涯。因为一位名叫库尔的队长充满善意的包容，我在平常任务之余，几乎每天上午 11 点都可以到大学讲堂听文德尔班先生的课。

那年秋天，我在去阿尔萨斯的奥克费尔登（Hochfelden）演习前，把希腊文版的《新约圣经》放进了行囊里。当时，神学院的学生若想申请奖学金，得在冬季学期开课时先通过三个科目的考试。如果有谁正在服兵役，就只需通过一科即可。我选择的科目是对观福音。

因为不希望让这个科目的成绩太难看，而让我在极为敬重的霍兹曼先生面前丢脸，演习时我就把希腊文版《新约圣经》带在身边。那时的我身强体壮，根本不知疲累是何感受，所以连晚上和休假时都孜孜不倦、用功勤读。暑假时，我已钻研过霍兹曼先生的《圣经》注解本，而后便想多了解原文，顺便检视自己从注解本和讲堂上学到了什么，但是在这个过程中，某些地方却让我觉得奇怪。霍兹曼的研究使"马可居先说"——即主张"《马可福音》最为古老，是《马太福音》与《路加福音》的基础"理论——在学术界广获认可，这似乎证明了一点：只要通过阅读《马可福音》便足以了解耶稣的生平事迹。然而，某个休假日，我在古根汉村读《马太福音》的第10章和第11章时，注意到这部分内容仅见于此，并不存在于《马可福音》中。惊讶之余，关于《马可福音》的理论，我也深感困惑。

《马太福音》第10章记载了耶稣选派12位门徒外出传播福音的事迹。他在与门徒们话别时，暗示他们即将遭受严厉的迫害，不过后来什么事也没发生。

耶稣还向门徒们透露，在他们行遍以色列大小城邑之前，"人子"就会降临，这意味着天国（弥赛亚之国）即将来到。因此，耶稣根本没期望门徒们还会回来。

然而，后来他的话并没有成真。那么耶稣为什么会让自己的门徒去期待那些不会发生的事呢？

霍兹曼解释道，福音书所记载的并非耶稣的真实谈话，而是根据后人从各方搜集的"耶稣语录"编纂而成的。我对这样的说法并不满意，因为即使如此，后人应该也不至于无故捏造，让耶稣说出未能实现的预言。

福音书中简明有力的文字让我不得不假定：耶稣确实曾预言门徒将遭受迫害，来自天国的人子随后会降临——即使接下来并未发生这样的事。不过，耶稣为何会这样预言？当事情出乎意料时，他又做何感想？

至于《马太福音》第 11 章记载的内容，则是施洗约翰对耶稣的提问和耶稣的答复。我认为，霍兹曼与一般释经者对经文奥义的诠释并不完整。当施洗约翰问耶稣是否就是那个将要到来的人子时，到底意何所指？所谓的"将要到来之人"只能被理解为弥赛亚吗？对此，我非常纳闷儿。根据晚期犹太教对弥赛亚的信仰，在弥赛亚来临之前一定会有个开路先驱，即复活的以利亚。当耶稣告诉他的门徒施洗约翰本人就是以利亚时，也是用"将要到来之人"一词来描述大家所期待的以利亚（《马太福音》11：14）。所以，我的结论是：施洗约翰对耶稣提问时所提到"将要到来之人"，其实是同样的涵义。施洗约翰差遣学生到耶稣面前提问，并非想知道耶稣是否为弥赛亚，而是想从耶稣口中得知他是否为众人引颈期盼的弥赛亚先驱以利亚——尽管对我们而言，这个做法可能有点奇怪。

不过，耶稣为什么不明确回答约翰的问题呢？有人认为耶稣之所以顾左右而言他，是想试探约翰的信心。这是一种找不到答案只能退而求其次的说法，传递这样的讯息会让许多布道变得很糟。如果把耶稣不置可否的态度归因为他还不想公开自我认定的身份，事情或许会简单得多。从各方面来看，有关施洗约翰提问的故事，证明了当时耶稣的信徒中并没有人把他当作弥赛亚来看待。假如耶稣已被视为弥赛亚，约翰的问题里一定会带有这层涵义。

对于耶稣在施洗约翰的差使离开之后所说的一段话，我也极渴望能有新的诠释。耶稣对众人说："凡妇人所生者，无人大过施洗约翰；然而凡在天国者，即使最小者都比他大。"（《马太福音》11：11）

人们一般把这段话理解为：耶稣对施洗约翰有所贬抑，并把他的地位放在那些以天国成员身份聚集在他身边的信徒之下。但是在我眼中，这样的说法既庸俗不当又令人无法接受，毕竟这些信徒也都是妇人所生。在排除这种论调的同时，我的看法其实更倾向于：耶稣在比较施洗约翰与天国成员时，将自然世界与超自然的弥赛亚世界之间的区别列入了考量；在经由出生而来到世间的自然人中，施洗约翰是最伟大的；然而天国成员已不再是自然人，他们在弥赛亚国度降临时经历过一种超自然的、类似于天使状态的变化；因为他们已是超越自然的存在，所以即使是他们当中地位最低者，也比自然世界中出现过的最伟大的人还要强；不论崇高或渺小，施洗约翰终将成为天国的一员，而那种独一无二、超绝于众生的伟大，只有在他以自然形态存在时方能呈现。

就这样，在即将过完自己在大学的头一年时，我对当时所谓的"对耶稣差遣门徒时的言行进行合乎史实的诠释"困惑不已，更是对所谓的"对耶稣生平进行历史性解读的观点"感到怀疑。不过，当演习结束回到家之后，我眼前增添了一种全新的观点。我确信耶稣所预示的国度并不是要由他本人和信徒在真实世界里建立和实现，而是他与即将到来的超自然世界共同被信徒所期待。

霍兹曼关于耶稣生平的观点，在当时普遍为批判学派所接受。因此，如果我在即将进行的考试中透露我的质疑态度，自然太过放肆无礼。不过我也没机会这样做，因为向来以和蔼可亲而闻名的霍兹曼完全把我当成了一个年轻的、因服役而耽误学业的学子那样宽待。在二十分钟的测试中，他只要求我对圣经前三部福音的内容做个概括性比较。

在接下来几年的大学生涯中，我致力于用自己的方法研究福音中的疑点及与耶稣生平有关的问题，从而忽略了其他科目。在此过程中，我越来越坚信，打开那些待解谜团的钥匙得从以下几方面去寻找：耶稣差遣门徒出发传道时的谈话，身陷囹圄的施洗约翰差人向耶稣提出的问题，还有那些门徒归来后耶稣的行为和态度。

德国的大学在学生求学过程中并不会过度管束他们，也不像其他国家的大学那样用重重考试将学生逼迫得喘不过气来。对此我特别感谢，因为这种做法为学生提供了独立自主研究学问的机会。

当时斯特拉斯堡大学神学院的学风非常自由开放。除了霍兹曼之外，刚来到斯特拉斯堡的《旧约圣经》专家布德（Karl Budde）也是我非常喜欢的神学老师。他擅长以简明却巧妙的手法呈现学术研究结果，这方面我尤其欣赏。上他的课，对我而言就像参加一场艺术的飨宴。此外，还有诺瓦克（Wilhelm Nowack），他比布德年长一些，是个才能杰出的学者；费克（Johannes Ficker）与路修斯（Ernst Lucius）则是极为优秀的教会史与教义史老师——我的兴趣主要是较早期的教义史；教我们教义学的老师则是娄布斯坦（Paul Lobstein），他是立敕尔（Ritschl）的追随者；还有一位讲授伦理学和教义学的年轻教授麦尔（Emil Mayer），学生们特别喜欢他生动有趣的演说；讲授实用神学这门课的老师则是史匹塔（Friedrich Spitta）与史蒙德（Julius Smend），前者也教《新约圣经》。

除了神学之外，我也一直在上哲学方面的课。

至于我旁听的音乐理论这门课，则是由贝勒曼（Bellermanns）的弟子雅各布斯塔（Jocobsthal）讲授。虽然他认定只有贝多芬之前的音乐才能称作艺术这一点颇狭隘，不过大家还是可以从他那里扎实地学到真正的对位法。基于此，我对他感激不尽。

在我学习音乐的过程中，能够担任清唱剧和受难曲的管风琴伴奏，对我而言是一种莫大的激励，而这一切都缘于恩斯特·孟许（Ernst Münch）对我的信任。他是尤金·孟许（我在慕尔豪森时的管风琴老师）的兄弟，也是斯特拉斯堡圣威廉教堂的管风琴手，还在自己一手创办的"巴赫音乐会"里担任圣威廉合唱团的指挥。其实一开始，我只是在合唱团排练时帮忙代班，正式演出时通常是由恩斯特·孟许来演奏。不过不久后，每当他无法从慕尔豪森赶来时，我也会正式上场弹奏。就这样，尽管我还是个年轻学子，却已经熟悉了巴赫的作品，并有机会处理实际演奏中碰到的问题。

斯特拉斯堡的圣威廉教堂，在当时被视为19世纪末兴起的巴赫热潮的重要基地之一，而恩斯特·孟许正是圣托马斯教堂唱诗班最权威的指挥之一。当时，人们普遍习惯以现代化的手法重现清唱剧与受难曲，而恩斯特·孟许是最早摒弃这种手法的人之一。在斯特拉斯堡管弦乐团的精彩伴奏下，他与他的合唱团进行着格调优雅的演出。不知有多少夜晚，我们就着清唱剧与受难曲的总谱而围坐，专注地讨论其正确的诠释方式。后来接替恩斯特·孟许并担任音乐会指挥的人是他的儿子弗利兹·孟许（Fritz Münch），他也是斯特拉斯堡音乐学院的院长。

除了巴赫之外，我最景仰的音乐家是理查德·瓦格纳（Richard Wagner）。16 岁那年，我还在慕尔豪森读中学，生平第一次进歌剧院听的音乐就是瓦格纳的《唐豪瑟》。当时的现场是那么震撼人心，导致我好几天之后才终于重新专心于功课。

斯特拉斯堡的歌剧院在奥托·娄瑟（Otto Lohse）乐长的领导下成绩斐然，让我有了充分认识瓦格纳所有作品的机会——当然，除了只准在拜罗伊特演出的《帕西法尔》。《尼伯龙根的指环》这部四联剧自 1876 年首演之后，1896 年终于再度在拜罗伊特进行了一次极具纪念性的演出，这对当时有幸在场的我来说是一次无与伦比的体验。尽管巴黎朋友赠送的门票为我节省了一笔开销，但我为了攒足旅费还是不得不省吃俭用，一天只吃一顿饭。

如今，每当我观赏一场瓦格纳歌剧，看着花哨得仿佛一幕幕电影场景的舞台效果如何尽其所能地在音乐之外引人注目，就不免感伤地想起当初在拜罗伊特欣赏《尼伯龙根的指环》时，那些简单朴素但效果精彩得让人惊叹连连的场景。其不仅舞台布景设计得令人惊艳，演出过程也完全忠实地反映了已故大师的精神。

其中让我印象最深的唱作俱佳的演员是扮演火神的佛格尔（Vogl）。他一出场就掌控了整个舞台，吸引着全场观众的注意力。他并未采用现代流行做法，既没有穿现在演火神的演员会穿的丑角衣，也没有在舞台上跟着所谓的火神主题节奏满场飞舞。他唯一醒目的装扮就是那件红袍，而他唯一跟随音乐节奏做出的动作就是看似不由自主地把红袍时而甩向左肩、时而甩向右肩。他的目光落在周遭的事物上，时而凝神注视，时而游移疏离。他通过这些动作，表现了火神在那些迈向毁灭的无知众神中是一股多么躁动不安的破坏力量。

我在斯特拉斯堡的大学生涯转瞬即逝。1897 年夏天快结束时，我第一次报名参加了神学考试。在"论文写作"部分，我们拿到的主题是——施莱尔马赫（Schleiermacher）的圣餐礼学说，试与《新约圣经》及改革教派之论述观点相比较。这是个所有考生都会被指派的，且必须在八周内完成的任务，也是决定我们日后能不能获准参加考试的门槛。

这项任务再度把我带回到有关福音书与耶稣生平的问题上。为了准备这次考试，我得研读许多从历史和教义方面诠释圣餐礼的论述观点。在此期间我明白了一点：所有对耶稣与门徒之间历史性仪式的诠释，以及对古基督教圣餐礼开始流传之意义的诠释，有多么无法令人满意。施莱尔马赫在他著名的《信仰说》中有一段关于最后晚餐的阐述让我思考良久。他指出，根据《马太福音》与《马可福音》对最后的晚餐的记载，耶稣并没有要求门徒日后重复举行晚餐仪式，因此我们很可能得接受一种想法，即早期的基督教社群后来会重复举行圣餐礼，其实要归因于那些门徒，而不是耶稣本人。施莱尔马赫经精彩论证而得出的这个观点，虽然在其可能的历史作用范围内没有继续探索，却在我完成那篇论文后继续影响着我。

我认为，两部最古老的福音书都没有记载耶稣关于重复举行晚餐仪式的指示，无非意味着耶稣的门徒带领信徒重复这个仪式确实是自主行为。如果这是耶稣的最后一次晚餐，他们在这种情况下这样做也是合理的，即使耶稣没有任何言行上的指示。不过，既然至今有关圣餐礼的疑问——为什么尽管当时没有耶稣的吩咐，早期的基督教社群还是接纳了圣餐礼——其解释全都说得不明不白，我也只能做出"这个问题仍有待解答"的结论。于是，我继续探究一种可能性：那次晚餐对耶稣及其门徒的意义，会不会与他们所要庆祝的弥赛亚盛宴——在期盼即将到来的上帝之国度里——有关呢？

二、巴黎与柏林

（1898—1899）

1898年5月6日，我通过了第一次神学考试，即所谓的国家级考试。虽然我已搬出学院宿舍，但整个夏天仍然待在斯特拉斯堡，完全沉浸在哲学的世界里。

文德尔班教授与齐格勒教授在他们的专业领域里都是个中翘楚。从教学的角度看，两位老师对彼此更是绝妙的互补。文德尔班的强项是古代哲学，我在他的研讨课中做的关于柏拉图与亚里士多德的一些练习，是我大学时代最美好的记忆。齐格勒的专长则是伦理学与宗教哲学。他毕业于杜宾根新教学院，曾经的神学家身份让他研究宗教哲学时受益匪浅。

因通过了神学考试，我在霍兹曼的推荐下获得了由圣托马斯教会和神学院共同设立的高尔舍奖学金，金额是每年1200马克，共6年。获奖者必须在6年内取得斯特拉斯堡的神学博士文凭，否则便得将奖学金全数退还。

咨询过齐格勒后，我决定把目标先放在哲学博士论文上。记得在学期末的某个下雨天，我们撑伞站在校园的阶梯上谈话，他建议我以伊曼努尔·康德（Immanuel Kant）的宗教哲学为论文主题，这个建议深触我心。我于 1898 年 10 月底前往巴黎，目的是听索邦大学的哲学课，并继续追随魏多学琴。

在巴黎时，我其实不常去听课。一方面，从办理入学注册手续开始，老师们的那种轻率和随意就让我有点扫兴；另一方面，在呆板过时的教学规划之下，部分老师即使极为优秀也无法真正发挥其所长，这点也让我对索邦大学有些失望。这里没有我在斯特拉斯堡时习以为常的长达四五个小时的整合性课程。教授们所开设的课程，不是跟考试规划有关，就是与他们各自的专业研究领域相关。

我偶尔会去新教神学院（位于亚拉哥大道）旁听教义学家萨巴蒂尔（Louis Auguste Sabatier）与《新约圣经》学者梅内哥兹（Louis Eugène Ménégoz）的课。对这两位老师，我怀有很高的敬意。不过在巴黎的那个冬天，我的精力主要还是放在艺术和我的博士论文上。

我跟着魏多上管风琴课（如今他免费教我），还跟即将在音乐学院任教的菲利普学习钢琴。同时我也拜来自阿尔萨斯的玛丽·吉尔－陶特曼（Marie Jaëll-Trautmann）为师。她才华横溢，是李斯特的得意门生兼好友，曾经短暂地成为乐坛上最闪耀的星，不过后来告别演奏舞台，专心研究以生理学为基础的琴键敲击原理。在她与生理学家费瑞（Féré）合作的实验中，我的角色就是那只受测试的白鼠。对这位才智超群的女士，我心中有说不尽的感激！

根据她的理论，弹琴时手指必须充分意识到它与琴键之间的互动方式。演奏者应该随时感觉并掌控自己从肩膀到指尖的肌肉，控制肌肉的绷紧与放松，还必须学着避免所有不自主与无意识的动作，放弃只为追求流畅度而进行的手指练习。每当手指有意做出动作时，必须先想象一下想弹出何种音色，尽可能快且轻地按下琴键，以产生饱满的音色。手指还必须随时意识到按下琴键后再度弹回的方式。在按键与放键的过程中，手指会同时微微地滑动，或向内（向拇指），或向外（向小指）。以手指朝同一方向滑动的姿势连续按下数个琴键，所发出的连续性琴音与和弦声便会自然和谐地融为一体。

上述这种单纯依顺序弹出的连续性琴音，会产生一种内在的一致性。因手指滑动方向不同所产生的音色，本质上会有所差异。因此，经由手指与手掌有意做出的不同动作，可以让音色产生变化，让乐曲形成分句。为了让手指与琴键之间的关系更具意识也更紧密，必须极力培养手指对琴键的敏感度。随着敏感度的增加，演奏者对音色的感知也会变得更加敏锐。

玛丽·吉尔认为，即使是没有音乐天赋的人，通过正确培养手感，也能具备音乐才能。她把这个理论推演到了极致，其中还包含许多正确的观察理论。她从钢琴击键时的生理学基础出发，希望将自己的研究提升为一种有关艺术本质的一般性理论。然而在对艺术家敲击琴键时那些既精准又深入的观察之外，她又添加了某些深奥但稍显怪异的观点，致使其研究没有得到应有的肯定。

在玛丽·吉尔的指导下，我完全改变了双手弹琴的方式。通过实用、有效且省时的练习，我越来越懂得如何掌控自己的手指，这对我弹奏管风琴助益极大，因此我对她心怀感激。[1]

菲利普的钢琴课程则比较遵循传统正轨，但同样让我收获良多，并使我免于陷入由吉尔的方法所带来的偏狭。由于这两位老师彼此互不认同，所以我得向其中一人小心翼翼地隐瞒自己也是另一人的学生这件事。比较费力的是，我早上得按照玛丽·吉尔的方式弹琴，下午得按照菲利普的方式弹琴！

玛丽·吉尔已于1925年离世。我跟菲利普至今仍维持着深厚的友谊，一如我和魏多那样。我之所以能认识当时巴黎一大群有趣且卓越的风雅人士，都是拜魏多所赐。他对我的物质生活也关照有加，有时他觉得我因囊中羞涩而三餐不继时，就会在课后带我到卢森堡附近那家他最爱光顾的弗瓦约餐厅饱餐一顿。

定居巴黎的两位伯父与两位婶婶，也都对我十分关爱。二伯父查理士是语言学家，在改善现代语言教学方法的研究上颇有声誉。通过他，我结交了不少教育界的朋友，他们让我对巴黎有了家的感觉。

不论是艺术活动还是社交活动，都没妨碍我撰写博士论文，因为那时我身强体健，即使经常熬夜工作也没问题，甚至偶尔还能在彻夜未眠之后的早上到魏多那里弹管风琴。

1　作者注：玛丽·吉尔在她以法文写成的作品《击键》（*Der Anschlag*）第一册中阐述了她的研究和理念，我也以不挂名的方式担任本书德文版（Breitkopf & Härtel 出版）的译者。

国家图书馆阅览室的使用规则繁琐无比,我很难查阅到任何有关康德宗教哲学的文献,于是我不假思索地决定不再参考相关文献,只潜心钻研康德本人的著作,看看会有怎样的收获。

在阅读康德著作的过程中,我注意到他在语言文字使用方面的变化。举例来说,在《纯粹理性批判》有关宗教哲学的段落中,康德一贯使用的"理智的"(intelligibel)这个词不见了,相对地,他用的是更单纯一点的词"先验的"(übersinnlich)。于是我回溯了康德所有关于宗教哲学的著作,从头到尾彻底探寻了其中较重要的用语及它们在意义上的可能的转变,并得以确定:那一大段有关"纯粹理性法则"的内容,不论在用语上还是在思维上,都与《纯粹理性批判》这本著作的其他内容无关,而应该是康德更早的作品。尽管那些内容与《纯粹理性批判》调性不一,康德还是将其放进书中作为宗教哲学部分的结语。我把康德这篇更早的、前批判时期的作品,称为《宗教哲学概要》。

后来我又发现,康德根本从未真正执行过他在《纯粹理性批判》中的先验辩证的宗教哲学计划。他在《实践理性批判》中提出的有关"上帝""自由"与"不朽"的三个宗教哲学基本命题,根本就不是《纯粹理性批判》所揭示的内容。在《判断力批判》与《单纯理性限度内的宗教》的论述中,这三个基本命题再度被舍弃。而他之后的作品所展现的思路,又再度回到了早期那篇《宗教哲学概要》的论述之中。

也就是说,康德的宗教哲学——通常被看作有关上述三个基本命题的宗教哲学——是一直在发展的。究其原因,是他提出的批判观念论的预设与道德律的宗教哲学诉求根本互不兼容。对康德而言,批判的宗教哲学与伦理的宗教哲学是并行的，他试图平衡二者使其融为一体。在《纯粹理性批判》的先验辩证中，他认为自己可以轻易地使这两者合二为一，然而他所设想的架构却证明这是行不通的。因为康德并没有停留在道德律的概念上，而是不断深化这个概念，如同将其设定为《纯粹理性批判》的先验辩证之先决条件那样。但这种深化的道德律概念所引发的宗教诉求，却超出了康德自己理解的批判观念论所能给予的范畴。不仅如此，它所代表的宗教哲学也对最能代表批判观念论的关键诉求失去了兴趣。很重要的一点是：在由最深层伦理观所主导的康德宗教哲学思想中，"不朽"这个命题也失去了其重要性。所以，康德没有坚持基于批判观念论的宗教哲学，而是继续走不断深化道德律的路线。也因为他想探讨得更深，导致他无法在思想体系上维持前后一致。

1899 年 3 月中旬，我回到了斯特拉斯堡，并把完成的论文交给齐格勒。他对我的论文极为肯定，并将论文答辩的时间定在 7 月底。

我在柏林度过了 1899 年的夏天，大部分时间都在读有关哲学的书。我的目标是遍览古今哲学经典。除此之外，我也去听哈纳克（Harnack）、弗莱德尔（Pfleiderer）、卡夫坦（Kaftan）、包尔生（Paulsen）及齐美尔（Simmel）的课。尤其是齐美尔的课，刚开始我只是偶尔旁听，后来就变成固定安排了。

至于哈纳克，我在斯特拉斯堡时就对他的教义史著作极感兴趣，虽然在柏林时也曾经朋友介绍出入他家，不过真正建立联系是后来的事。我震慑于此人知识的渊博与广泛，以至于每当他跟我说话时，我都困窘得无法好好回答。后来我收到过一些他寄来的明信片，内容既真挚又丰富——明信片是他与别人交流的主要方式。1930 年，他在寄往兰巴雷内的两张明信片里详细论及了我刚出版的书《使徒保罗的神秘主义》，这恐怕是他留给我的绝笔了。

我在柏林时，很多时间是跟卡尔·斯图姆夫一起度过的。当时他正忙着从心理学方面对声音敏感度进行研究。我对这个领域也很感兴趣，于是经常参与他跟助手们进行的实验，就像以前在玛丽·吉尔那里一样，甘愿当一只被测试的白鼠。

除了艾基迪斯（Egidis），柏林的管风琴手都让我有点失望。因为比起真正的演奏风格，他们更看重表面性的演奏技巧，而前者才是魏多最重视的。而且，相较于巴黎圣叙尔比斯教堂与圣母院里由卡瓦叶·科尔（Cavaillé-Colls）制造的琴，柏林这些新管风琴的声音是多么嘈杂和单调！

经魏多引荐，我认识了威廉皇帝纪念教堂的管风琴师莱曼教授（Heinrich Reimann）。他允许我经常去弹他的琴，并指定我担任他休假时的代班人。通过他，我认识了一些柏林音乐家、画家与雕刻家。

至于柏林学术圈里的人，大多是我在知名古希腊文化专家库尔丘斯（Ernst Curtius）的遗孀家中结识的。因我认识她的继子弗利德列希（Friedrich Curtius）——当时他担任科玛郡郡长——所以经常受到她的热情款待。在那里，我经常与格林（Herman Grimm）聊天，而他总是费尽心思劝说我放弃"异端邪说"，希望我"迷途"而返，只因为我认为第四部福音的呈现方式与前三部不一致。直到今天，我都觉得自己能有机会与当时柏林的许多精神领袖们共处一室直接交流，实在是幸运无比。

　　比起在巴黎时，在柏林时的精神生活对我的影响更加深远。巴黎这个世界之都的精神生活是破碎分离的，你得先彻底融入这里的生活，才能充分领会其中的价值。柏林的精神生活有一个核心，即组织良好的、生气蓬勃犹如有机体般的大学。此外，当时柏林还称不上世界之都，给人的感觉更像在各方面都乐观进取且雄心勃勃的地方大城，其整体风貌健康正向，对未来命运的走向充满信心。这正是当时的巴黎所欠缺的，那时它处境艰难，正因德雷弗斯一案[1]陷入各种撕裂对立中。因此可以说，我在柏林最美好的时刻认识它并爱上了它；而柏林质朴的生活方式，以及很容易融入他人家庭的轻松自在感，让我难以忘怀。

1　译者注：发生于 1894 年的政治事件，事件起因是一名犹太裔军官德雷弗斯（Alfred Dreyfus）被误判为叛国罪，法国因此爆发严重的争议与冲突，后经重审，德雷弗斯于 1906 年获得平反。

三、斯特拉斯堡的早年岁月

1899 年 7 月底，我回到斯特拉斯堡并取得了博士学位。不过在论文答辩时，齐格勒和文德尔班却一致认为我的表现没有达到他们看我论文时的期待。这也难怪，我在史顿普的实验上花了太多时间，以至于没能好好准备答辩；此外，因为专注于阅读康德原著，我也过度忽略了应该多读一些教科书这件事。

这篇论文于同年出版成书，书名是《康德的宗教哲学：从〈纯粹理性批判〉到〈单纯理性限度内的宗教〉》[1]。

获得博士学位后，齐格勒建议我去争取哲学系讲师的资格，但是我已经决定要走神学的路了。他其实暗示过，假如我真的担任了哲学系讲师一职，人们恐怕不会乐意见到我同时从事教士工作。然而，传道对我而言已经成为一种内心的渴望，能够在每周日与人们谈论生命存在的最根本问题，我觉得是件非常美妙的事。

1　作者注：《康德的宗教哲学》（杜宾根 Mohr & Siebeck 出版，1899 年，共 325 页）。这间知名出版社之所以愿意出版我这本长篇大论的处女作，得益于霍兹曼的热心引荐，对此我深表感谢。

从那时起，我便一直待在斯特拉斯堡。虽然不再是学生，但我仍被允许以校友房客的身份自费住在我喜爱的威廉学院（附属于圣托马斯教堂）的宿舍里。我的房间面向宁静的花园，园内大树挺立，学生时代的我曾经在这里过得非常快乐。对于我接下来的工作而言，这里似乎也是最合适的处所。

我几乎一完成博士论文印刷版的校对，就开始着手准备取得神学文凭。我打算尽快拿到文凭，以便把奖学金名额让给一位得仰赖资助才能继续进修的人。不过，这位让我如此快马加鞭的人，即在闪族语系上极具天分、后来担任斯特拉斯堡基督教中学校长的耶格，后来并没有用上这笔奖学金。早知如此，我应该延长自己游历的时间，去英国的大学进修。

1899 年 12 月 1 日，我在斯特拉斯堡圣尼可莱教堂的传道室取得了一个职位。一开始是所谓的实习牧师，在我通过第二次神学考试之后没多久便转成了正式牧师。不过，对于由较年长牧师所主导的第二次考试——日期是 1900 年 7 月 15 日——我其实是惊险过关。那段时间我几乎全心全意地撰写神学论文，于是忽略了得为应考而好好复习各门神学知识这件事。我之所以不至于铩羽而归，得感谢老牧师威尔的大力支持——我在教义史方面的学识令他非常满意。而我倍受责备的一点，是对赞美诗歌的作者及其生平知道得太少。雪上加霜的还有这件倒霉事：我不知道某首赞美诗歌的作者是谁，于是认为那首诗歌并不重要，进而没有去记作者的名字——然而作者是著有《诗篇与竖琴》（*Psalter und Harfe*）的知名诗人史彼塔（Spitta）。平常也是史彼塔仰慕者的我，在众人的惊愕中搬出这套说辞，而且是当着弗利德列希·史彼塔（Friedrich

Spitta）教授的面——他是史彼塔的儿子，代表神学院在考试委员会里列有一席。

圣尼可莱教堂里有两位上了年纪但身体极为硬朗的老牧师：一位是克尼特（Knittel）先生，他曾经担任根斯巴赫的牧师，是父亲的老前辈之一；另一位杰罗德（Gerold）先生，他是我舅舅的挚友。我舅舅也曾是圣尼可莱教堂的牧师，只可惜英年早逝。

在这里我被指派的主要任务，就是接手这两位主持的下午的礼拜仪式、每周日的儿童主日学和宗教课。落在我身上的这些工作，对我而言是快乐源泉。下午的礼拜，通常只有非常虔诚的一小群人在场，我便采用父亲当年那种较亲密的交流方式来布道，因此远比早上的礼拜效果好。即便如此，如今我在人数较多的听众面前仍旧摆脱不了某种拘束感。一年又一年过去，两位老先生越来越需要休息静养，早上主持礼拜的任务自然就经常落在我身上。我习惯先写下布道的内容，事先拟出两三种稿子是常有的事。不过在真正演说时，我也不见得会照本宣科，往往会进行另一种形式完全不同的布道。

虽说是布道，其实我更倾向于把下午的礼拜视为一种简单的祈祷仪式。因我主持的仪式时长很短，教区里竟有人到克尼特牧师——他同时任职于精神督导办公室——面前告我的状。为了这件事，他只好把我叫去问话，尽管见面时他跟我一样尴尬。他问我，有什么讯息要传达给投诉我的教友。我回答，或许可以告诉他们我只是个蹩脚的牧师，当我不知道关于经文该说些什么时，就会闭上嘴巴停止说话。他听完，温和地责备了我几句，并提醒我以后布道的时间不得少于 20 分钟，之后便让我离开。

克尼特牧师代表的是受虔信派教义影响的温和正统派，杰罗德牧师则代表自由派。纵使理念不尽相同，他们也一直能以真诚友爱的精神共事，并和睦融洽地完成所有任务。在这间位于圣托马斯对面的不怎么引人注目的教堂里，他们合作无间，几乎达到完美的境界。

在那几年里，只要忙完圣尼可莱教堂的事情，我就会在星期天回根斯巴赫代替父亲工作。

每周有 3 天，从上午 11 点到 12 点，我给那些刚放学的小男孩们上坚信礼课。上课时，我总是尽可能地少给他们布置功课，目的是希望这些课程对他们而言是一种精神与心灵的澄净抚慰。为此，我总会利用课堂的最后 10 分钟，把那些他们应当学习且一生受用的圣经哲言与诗歌，用朗诵与复诵的方式使他们牢牢记住。我打算以此为教学目标：让福音的真理贴近孩子们的心灵，让他们变得更加虔诚，并抗拒得了日后可能诱使他们离开信仰的任何势力。我也想唤醒他们心中对教会的爱，以及对周日礼拜能享有精神抚慰的渴望。我教导他们对传统教义心怀敬畏，同时也遵循使徒保罗所言："基督精神所在之处，就是自由之处。"

日后我有幸得知，那些年播下的种子有些已经萌芽并生长。有人向我致谢，因为我在课堂上以某种与思想结合的方式让他们领会了基督教的基本真理，使他们日后面临背离宗教的危机时更加自信与坚强。直到讲授了这些宗教课程，我才意识到自己从祖先那里继承了多少为人师表的素质。

我在圣尼可莱教堂工作的月薪是 100 马克。不过因我在圣托马斯神学院里吃住很省，所以就日常所需而言，这份薪水完全够用了。

这个职位的最大优点，是让我有充分的时间研究学问与从事艺术活动。由于两位老牧师的善解人意，我得以在学校的春假与秋假期间（此时教会的坚信礼课亦暂停）也跟着休假，不过前提是我必须找到布道替代人——如果两位老先生没有说要自己接手的话。所以一年中我有三个月假期——一个月在复活节之后，另两个月则在秋天。春假时我通常会前往巴黎，客居在伯父家，以便在魏多那里继续学琴；至于秋假，我多半会回到位于根斯巴赫的父母家，与他们共度假期。

因比较频繁地造访巴黎，在那里我获得了几份珍贵的友谊。其中，我跟罗曼·罗兰（Romain Roland）的相识大约始于 1905 年。起初，我们对彼此而言都只是音乐界的同行，后来逐渐意识到彼此也是性格相近的普通人，于是成了要好的朋友。利希坦贝格（Henri Lichtenberger），这位感情细腻的法国人，是个德国文学专家。我跟他之间也有着真挚而深远的情谊。

在 20 世纪刚开始的那几年，我在巴黎外语学会用德语做过一系列关于德国文学与哲学的演说。记忆中涉及的内容有尼采、叔本华、霍普特曼（Gerhart Hauptmann）、苏德曼（Sudermann）以及歌德的《浮士德》。1900 年 8 月，当我正准备有关尼采的演说时，他的死讯突然传来——死亡终于将他从痛苦中解脱出来了。

就这样，我以最单纯的生活方式度过了对自己的创作极为关键的那几年。我努力工作，毫不松懈，全神贯注，不急躁也不匆忙。

由于时间和经济条件都不允许，所以我不常去外地旅行。1900年，我陪同大伯母前往上阿玛高（Oberammergau），这里以上演耶稣受难剧而闻名。然而看剧时，舞台背后浑然天成的美妙山景留给我的印象更胜过戏剧本身。因为他们在原有的耶稣受难故事之外，纳入了许多《旧约圣经》中的场景，而且舞台布置的效果过度夸张，剧本台词不够完善，音乐也稍嫌乏味平庸，以上皆让我不敢恭维。但演员们全心全意投入剧中角色的那份虔诚，却让我感动不已。

受难剧理应是一种以简单质朴的方式、由村民表演给村民的祝祷仪式，然而因外来观众蜂拥而至，而无可避免地变成了迎合众人喜好的舞台剧——这件事的确让人有点失望。尽管这出受难剧变质了，上阿玛高的村民仍旧竭力以过去那种朴实的精神参与演出，所有对事物具有精神层面的感受力的人都能感受得到。

每当我手头略宽裕，且那里刚好有节目表演时，我就会去拜罗伊特音乐节"朝圣"。

在斯特拉斯堡写作新书期间，我认识了瓦格纳的夫人科西玛·瓦格纳（Cosima Wagner），并对她印象深刻。她对我的"巴赫的音乐具有描述性"这一观点极感兴趣，所以她在某次因拜访教会史学家费克（Johannes Ficker）而逗留在斯特拉斯堡时，特别请我用新教堂那座美丽的管风琴诠释几首巴赫的圣咏前奏曲给她听。那几天，她还说了一些她自己年少时和后来为准备信仰新教而上的宗教课上所发生的趣事。艺术才华横溢且气质高贵的她，显得独一无二、卓越超凡。不管相处几次，在她面前，我总是克服不了羞怯的毛病。

她与瓦格纳的儿子齐格菲·瓦格纳（Siegfried Wagner）在某些方面能力超群，个性既单纯又谦逊，这点我尤其欣赏。见过齐格菲·瓦格纳在拜罗伊特音乐节工作的人，都对他的工作表现和做事方法赞不绝口。此外，他创作的音乐也蕴含着真正的深意与美好。

　　我与张伯伦（Houston Stewart Chamberlain）因某次交流哲学而结识。他住在拜罗伊特，与瓦格纳的女儿伊娃·瓦格纳（Eva Wagner）是夫妻。虽然我们相识，我却是从他后来的作品和他去世前所承受的无止境的痛苦折磨中才了解他真正的性情。他离世之前，我得以陪在他床榻边的那一小段时间，让我永生难忘。

四、关于圣餐仪式与耶稣生平的研究

（1900—1902）

当我完成关于康德的论文后，便回到神学研究领域，重拾有关耶稣生平的研究主题——如前所述，我在就读大学之初就一直在探究这个主题——并将其归纳总结，撰写成神学博士论文。不过，之前所做的有关圣餐仪式的研究，已经拓宽了我的视野与兴趣。从探讨耶稣生平出发，我接触到了早期基督教领域。而有关圣餐仪式的研究同时涉及这两个领域——从对耶稣的信仰发展为早期基督教信仰的过程中，其角色极为关键。于是我认为：圣餐仪式的流传与意义一直都令人费解，是因为我们不曾对耶稣或早期基督教的思想世界完整掌握过；同样地，没有看清耶稣与早期基督教信仰问题的真正本质，是因为我们不曾从圣餐仪式和洗礼的角度考量过。

　　经过这样的衡量，我拟定了计划，打算写一部与耶稣生平史及早期基督教史有关的圣餐仪式发展史。其第一部分，应该是检视迄今关于圣餐礼的所有研究，表明自己的立场，并阐述问题之所在；第二部分阐述耶稣的思想和活动，以此理解耶稣门徒举办的最后的晚餐的意义；最后一部分则是探讨原始基督教与古代基督教时代中的圣餐仪式。

我凭借有关圣餐仪式问题的研究[1]，于 1900 年 7 月 21 日取得了神学博士文凭。又因我的论文第二部分内容是关于耶稣受难与救世主之秘密的探讨[2]，我于 1902 年取得了任职大学讲师的资格。

而打算以"原始基督教和古代基督教时代的圣餐礼演变"为主题的第三部分内容，虽已完成且用作上课教材，却一直未能付梓——这部分的另一个研究主题，即"《新约圣经》与原始基督教的洗礼史"，也是如此。原因是当时我正忙于撰写《耶稣生平研究史》，原本只打算将它作为耶稣生平研究的补充，不料写着写着就变成了一部颇厚的书，因此其他出版计划也被打断了。

在那之后还有个插曲：我撰写了一本最初同样只打算写成一篇文章的有关巴赫的书。再后来，我开始学医。一直到我即将完成医科学业且能再度腾出时间钻研神学时，又觉得应该着手写一部有关保罗思想的学术研究史，以呼应《耶稣生平研究史》一书，并作为保罗教义的导论。

根据自己对耶稣教义和保罗教义崭新理解，我还想为圣餐礼与洗礼的起源史及其在原始基督教世界的发展史勾勒出明确的轮廓。这个计划，我原本打算在完成第一次赴非洲的短暂工作后执行，因为我预计待在非洲的时间只有一年半到两年。但是战争的爆发打乱了一切，不仅让我在非洲待了四年半，还导致我回到欧洲时贫穷又病弱，生计大受影响，因

1　作者注：《根据 19 世纪之学术研究及历史记载探讨圣餐仪式的问题》（杜宾根 J.C.B. Mohr 出版，1901 年，共 62 页），未经修改的新版出版于 1929 年。

2　作者注：《救世主与受难的秘密：耶稣生平研究》（杜宾根 J.C.B. Mohr 出版，1901 年，共 109 页），未经修改的新版出版于 1929 年。英文版书名为 *The Mystery of the Kingdom of God*，纽约 Dodd 出版，1914 年；伦敦 A. & C.Black 再版，1925 年。

此这个计划自然是告吹了。

另一个搅乱原计划的插曲，是我开始了《文明的哲学》的撰写工作。因此，"早期基督教世界的圣餐礼史与洗礼史"一直停留在课堂讲义的状态。我不知道自己是否还有以往那样的时间与精力把它们修订、整理到可以出版的状态，不过我在《使徒保罗的神秘主义》这本书里也提到了其中的一些基本概念。

在有关圣餐礼问题的研究中，我逐一查阅了19世纪末之前神学家们的言论，看他们如何试图提供解答，并希望以辩证的方法揭示此问题的真正本质。结果发现，过去人们经常将这个古老的基督教圣礼解释为"面包与酒的分配仪式"，而通过复诵耶稣曾说的"面包与酒就是自己的身体"这句话，不知怎么，就使得面包和酒分别具有圣体和圣血的涵义了。但是，所有这些尝试性的诠释都是不可能成立的。

在最早的基督教世界里，圣餐礼与重复神圣仪式或许是为了象征性地缅怀耶稣赎罪性的死，但又完全是两回事。重复最后的晚餐的仪式，是从天主教的弥撒献祭与新教的圣餐礼——其目的皆是缅怀罪恶之赦免——才开始具有上述涵义的。

这么说或许有点不寻常，但是耶稣将面包和酒比喻成自己的身体和血的言论，在门徒及早期信徒圣餐仪式的本质中并不具有决定性；而且根据我们对原始及古代基督教的了解，早期教会信徒的餐会中也不会重述那些话。也就是说，依照早期的惯例，这个仪式并不是以所谓的祝圣经文（即耶稣将面包与酒比作自己的身体与血这段话）作为终结，而是以人们对面包与酒表示感恩的祷告作为终结。这个事实为耶稣与门徒间的最后的晚餐，以及为早期基督教社群进行的会餐圣礼，赋予了一种意义，就是众人引颈期盼的弥赛亚之盛宴。

由此也说明了最早期的圣餐仪式为何被称为"Eucharistie"，意即"感恩祈祷"；另外，此仪式为何不是在每年复活节前的星期四傍晚，而是在每个星期天早上举行，也不言而喻——因为这天是耶稣复活日的象征，人们期待着天国降临时他会归来。

在以"救世主与受难的秘密"为题的耶稣生平研究中，我深入探究了前人对耶稣公开传道过程的看法，分析了他的那些事迹如何在19世纪末时被认为是史实，而霍兹曼又如何在其有关福音的著作中对此详加说明并提供根据。整体而言，不外乎两个基本观点：一是耶稣并不认同当时犹太人对弥赛亚普遍怀有的一种天真的但却能反映现实的期盼；二是耶稣的传道虽然在初期时颇为成功，但后来却遭到挫败，这让他决定舍生就死。

根据19世纪后半期的学术研究，耶稣曾借由宣告在世上建立一个道德天国，以转移信徒对他们期盼中的弥赛亚超自然国度的注意力；同样地，他也不以追随者心目中的弥赛亚自居，而是教导他们要相信一个精神与道德上的弥赛亚，并借由这种信仰引领众人发现弥赛亚的存在。

那些学术研究还指出，耶稣最初的传道非常成功，然而后来在法利赛人与耶路撒冷当权者的影响下，大批群众远离了他。面对这个事实，耶稣意识到他必须根据上帝的旨意，为天国之事，也为证明自己精神性弥赛亚的身份，而献身受死。于是他在逾越节时动身前往耶路撒冷，把自己送入敌人之手，任人钉上十字架折磨而死。

然而，这些关于耶稣一直以来的所作所为的观点是站不住脚的，因为那两个基本观点与事实根本不符。在《马可福音》及《马太福音》中，根本找不到任何显示耶稣曾经想以一个精神化国度取代百姓普遍真实期盼的、将以超自然方式在荣耀壮丽中登场的国度这件事的蛛丝马迹。同样地，关于耶稣的公开活动是否真的在经历一段成功期后便进入挫败期，我们所知的也很有限。

根据《马可福音》及《马太福音》的记载，耶稣生活在晚期犹太教社会所盛行的一种期盼弥赛亚降临的风气中。这种期盼的由来，如同我们从《以诺书》（公元前 100 年）、《所罗门诗篇》（公元前 63 年）及《巴录启示录》（公元 1—3 世纪）与《以斯拉启示录》（约公元 80 年）中得知的那样，可追溯至远古先知及公元前 165 年的《但以理书》。同当时的人一样，耶稣也将弥赛亚视为《但以理书》中所称的"人子"，谈论着他将乘天上的云彩而来。耶稣所传播的上帝国度就是弥赛亚的天国，它将在世界接近末日时，随着"人子"的到来于天地之间展开。耶稣不断交代追随者，让他们准备好接受即将到来的审判；经由审判，有些人会享有弥赛亚国度的荣耀，有些人则会受罚入地狱。耶稣甚至应许门徒，在这场审判中，他们将坐在"人子"宝座四周的十二把椅子上，参与对以色列十二个支派的判决。

由此看来，耶稣一切的言行举止都反映出他也接受了晚期犹太社会中那种对弥赛亚的期盼心理。但他没有采取任何想将其精神化的行动，而是以自己强烈的道德精神来实现它。他通过跳脱法律及圣贤的规范，要求人们实践绝对的爱之伦理观，以证明他们归属上帝与弥赛亚，并且是将来天国的选民。根据耶稣所言，注定有福的人包括求心灵充实者、慈悲者、使人和睦者、清心者、受苦难者、为义受逼迫者，还有归返童心者。

过去的研究常犯的错误，就是主观认定耶稣试图将晚期犹太社会中对弥赛亚的期盼精神化，但事实上，他不过是将爱的道德宗教加入到现实期盼中。如此深远且具精神性的信仰和伦理观，能够与如此单纯却又实际的末世观产生联结，是我们原先完全料想不到的事，然而又的确是事实。

至于耶稣的传道活动有前期顺利、后期受挫之分的观点，则可以用下列事实来反驳：不论在加利利还是在耶路撒冷的圣殿，耶稣身边一直都有热情的群众簇拥着。置身追随者当中，他能比较安全地躲过对手的跟踪；在信众的支持下，在圣殿发表谈话时耶稣甚至敢冒险以最猛烈的方式抨击法利赛人，并将小贩与商人驱离圣殿。

耶稣曾派遣使徒到各地传播天国将近的讯息，并在使徒回来后不久就与他们一同前往推罗与西顿的异教区。耶稣之所以这么做，并不是因为面对反对者得撤退示弱，并没有遭到群众背离，而是为了与最亲近的人独处一段时间选择暂时离开群众。因此，当他再度现身于加利利时，身边立即聚集了大批追随者，使耶稣进入耶路撒冷时得以带领一大队参加节庆的加利利朝圣者。如果不是耶稣主动进入虎穴，那么遭受逮捕与被钉上十字架都将是不可能发生的事——他于深夜被判刑，然后在清晨，即圣城刚苏醒时，就已经被钉上了十字架。

根据两部最古老的福音书的明确记载，我要以下列主张反驳过去学术界对耶稣生平那种站不住脚的诠释：预期末日将近，且超自然的弥赛亚国度即将降临的世界观，决定了耶稣的思维与言行举止。这种主张可称为"末世论"（eschatologische），因为"末世论"（eschatos，在希腊文中意指"最后的"）一词通常被理解为犹太教与基督教有关世界末日降临时所发生之事件的教义。在这种理解方式下，耶稣的生平，或者更该说是耶稣的公开活动与最后的下场——因为这也是我们对他一生仅知的部分——就会依以下所述来呈现；耶稣在传道时并不把天国视为某种已有的存在，而是纯粹的未来的存在；他也不认为自己已经是弥赛亚，只是相信在弥赛亚国度降临且那些上帝的选民进入被指定的超自然存在模式时，自己就会现身为弥赛亚。即使知道自己未来的显赫身份，耶稣也一直保守着秘密。他在群众面前仅仅是个宣告天国将近的传道者。听众不需要知道自己在与谁打交道，等到弥赛亚国度降临时自然就会明白。耶稣只在对那些拥护自己且相信天国将近之讯息者预告"人子"（耶稣提到"人子"时总使用第三人称指代，仿佛他与"人子"并非同一人）认出他们就是他的子民时，才会显露出他的自我意识。

对于自己和跟自己一样期盼天国即将来临的人，耶稣预料到他们必须先一起熬过弥赛亚出现前的磨难，并经受其中的考验。根据晚期犹太教关于末日事件的教义，所有有资格进入弥赛亚国度的人都得在天国降临前的一段时间内听任俗世中反上帝势力的摆布。

不知道是耶稣公开活动几个星期还是几个月之后，总之在某个时间点，他确信天国降临的那一刻就要到来，于是匆忙派遣门徒，以两人为一组分别到以色列各城邑中散布这个消息。在与门徒道别的谈话（《马太福音》（10）中，耶稣让他们对弥赛亚降临前的磨难做好心理准备，因为这场灾祸即将到来，而且可能会让他们一如上帝所拣选的其他人，遭受严重迫害，甚至丧命。耶稣并不冀望门徒还能回到他身边，于是向他们宣告，在他们尚未走遍以色列城邑时，人子就会降临（人们预计人子将会与天国同时到来）。

但是耶稣的预料并没有成真。在没有遭到任何迫害的情况下，门徒们又回到了他身边。没有出现弥赛亚降临前的磨难，也没有出现弥赛亚国度。对此，耶稣这样解释：在此之前，一定还有什么必须发生的事。

天国并没有出现，这件事让耶稣苦思不已。他理解了一点：身为未来的弥赛亚，他必须先以自己的痛苦与死亡为天国的那些选民赎罪，使他们免受弥赛亚降临前的磨难。唯有如此，天国才会降临。

耶稣已经料想到，心怀慈悲的上帝可能会赦免他的选民遭受弥赛亚降临前的磨难。在祈求天国降临的主祷文中，耶稣让信徒祈祷，希望上帝不要领他们走进"诱惑"，而要让他们从"邪恶"中挣脱。这里所说的"诱惑"并不是指导致罪恶的个别诱惑，而是世界末日时上帝容许下的"邪恶"迫害——也就是代表反上帝势力的魔鬼撒旦施加在信众身上的蛊惑。

因此，耶稣赴死时心里所想的是，上帝会接受他为信众赎罪而自愿受死，进而免除那场弥赛亚降临前的灾难——原本信众应该从这场灾难带来的痛苦与死亡中自我净化，并证明自己有资格进入天国。

无论如何，耶稣以死为他人赎罪的决定，可以在《以赛亚书》（53）里关于耶和华仆人的几处记载中找到根据。那些段落描述了耶和华的仆人为他人之罪行受苦，却无法向他人说明自己蒙受痛苦的意义。《以赛亚书》中这些源自流放时期的记载，原本描述的是被流放的以色列人如何以"神的仆人"的身份在异族人中遭受磨难，其目的就是要引导异族人认识真神。

　　耶稣停留在该撒利亚腓利比时对门徒表露，被选定为弥赛亚人子者必得承受苦难与死亡，同时表明自己就是这个人（《马可福音》8：27—33）。之后的逾越节，他与一同过节的加利利人前往耶路撒冷。当时，除了他的门徒，没有任何人知道耶稣是什么身份。因此，迎接他进入耶路撒冷的欢呼并不是献给弥赛亚的，而是献给大卫的后裔、来自拿撒勒的先知的。犹大的背叛并不在于向祭司长密告在哪里可以逮捕到耶稣，而在于告诉祭司长耶稣自称救世主。

　　耶稣与门徒共进最后一餐时，把自己感恩、祷告、献祭过的面包与酒分给门徒食用，并宣布今后不再喝葡萄酒——直到下次与他们在天父之国共饮。可以说，耶稣在他尘世的最后一餐中，已经授予门徒在将来的天国里与他共进盛宴的资格。于是，那些确信自己有资格参加未来天国盛宴的信徒，为了延续最后的晚餐，开始举行餐宴仪式，并以食物与饮料感恩、祝祷天国与弥赛亚的盛宴降临。

　　因此，耶稣期盼通过他的舍生求死，弥赛亚国度会立即降临，且不会带来任何苦难。耶稣向他的审判官保证，他们将会目睹他以人子的身份坐在上帝右侧，并乘天国的云彩而来（《马可福音》14：62）。

门徒们在安息日次日清晨发现耶稣的墓穴是空的，在对主荣耀现身的热切期盼中，他们眼前出现了耶稣复活的景象，并确信他已与上帝同在天上，很快便会以弥赛亚的身份现身并引领天国降临。

两部最古老的福音书所记载的耶稣的公开活动，都发生在一年之内。春天时，自比为"播种者"的耶稣开始传播天国的秘密；秋收时，他预期天国的收成也即将到来（《马太福音》9：37—38），于是派遣门徒到各地进行最后一次召唤，告知世人天国已近。之后没多久，他便停止一切公开活动，与门徒单独待在该撒利亚腓立比的异教徒区，可能一直到逾越节前后才加入前往耶路撒冷的朝圣队伍。因此，耶稣真正公开活动的时间，可能最多只有五六个月。

五、任教于大学

1902 年 3 月 1 日，我在斯特拉斯堡神学院发表就职演说，主题是"《约翰福音》中的道之教义"。

后来我才知道，其实神学院里有两位教授对我取得任教资格这件事颇有疑虑。他们并不赞同我所采用的历史研究途径，担心我的观点会把学生们弄糊涂。不过，由于深具权威的霍兹曼极力支持我，他们的反对最后也不了了之。

我在就职演说中做了这样的解释：《约翰福音》中那些让人摸不着头绪的基督言论是彼此相关的，只有把它们看成一种指点时才能理解其中的涵义——耶稣想通过这些指点，让信众为他去世后预计会经由"道"而生效的圣礼做好准备。不过，关于这个理论，我一直到后来写《使徒保罗的神秘主义》这本书时才有机会详细陈述。

1902 年夏季，我以"教牧书信"为主题开始了我的授课生涯。

我致力于耶稣生平研究史，起源于我跟学生们的某次谈话。这些学生曾经上过史彼塔教授的有关耶稣生平的课，然而对早期的耶稣生平研究史却全然不知。所以，在霍兹曼同意的情况下，我决定从 1905 年夏季开始，开设一门每星期两课时的耶稣生平研究史课程。这个题材让我如此着迷，我几乎以满腔的热血来备课，以至于即使课程结束，我依然沉浸其中不能自拔。因罗伊斯（Eduard Reuß）及其他斯特拉斯堡神学家遗赠了诸多藏书，斯特拉斯堡大学图书馆里有关耶稣生平的文献可谓相当齐全。不仅如此，关于史特劳斯（Strauß，1808—1874）和雷南（Renan）就耶稣生平研究进行论战时所撰写的著作，也几乎齐全了。因此，就学术领域而言，全世界应该找不到任何比这里更适合进行这项研究的地方。

工作期间，我还兼任了神学院（威廉学院）主管。其实艾利希森（Erichson）过世后，我就接下了这个职位，不过那时只是暂时应急（从1901年5月1日到9月30日），原本正式接任者应是安利希（Gustav Anrich）——当时他还是林格斯汉（Lingolsheim）的牧师，后来成了杜宾根的教会史教授。1903年夏天，负责教会史的路修斯教授骤逝，安利希被任命接替他的位置，于是我在1903年10月1日正式担任神学院主管的职位，并享有位于阳光灿烂的圣托马斯河堤上的宿舍及两千马克年薪。此外我还保留了自己学生时代住过的房间，以作为书房兼办公室。之前安利希掌管威廉学院的那段期间，我住在城里。

《耶稣生平研究史》这本书于1906年出版，只不过当时书名叫作《从莱玛鲁斯到雷德》（*Von Reimarus zu Wrede*）[1]。

莱玛鲁斯（Johann Samuel Reimarus，1694—1786）是汉堡的东

1　作者注：这是一部关于耶稣生平研究史的著作，由杜宾根 J.C.B.Mohr 于 1906 年出版，共 418 页，1913 年再版时书名更改为《耶稣生平研究史》。

方语言教授，其专著《耶稣与门徒的目标》是第一部以"耶稣认同当时人们对末世弥赛亚之期盼"为假设对耶稣生平进行诠释的作品。这部专著其实在他去世后才问世，由莱辛（Lessing）以匿名方式帮他出版。

雷德（William Wrede，1859—1907）是布雷斯劳（Breslau，原德国重要城市，今波兰弗罗茨瓦夫）的神学教授，他在他的著作《福音中的弥赛亚秘密》中进行了破天荒的尝试——完全否定了耶稣有任何末世论的想法。基于理论的一贯性，雷德进一步认为：耶稣并不认为自己就是弥赛亚，他的救世主名号是在他去世后被门徒加上的。

所以，"莱玛鲁斯"及"雷德"这两个名字代表的是对耶稣生平之见解的两极，而我的研究则摆荡于其间，因此我的书便以他们的名字而命名。

在细读许多关于耶稣生平的文献后，我发现把它们分门别类是件非常艰巨的任务。经过几次徒劳的尝试后，我把所有的参考书籍搬到了房间中央，层层叠叠地堆成一座书山，并为每个预定的章节分配好位置——可能在某个角落或家具之间，然后经过缜密思考，把内容相关的书分别放到相应的位置。我要求自己把房间中央那堆书山里的每一本书都分别定位到与它相关的预定章节里，并希望在每个章节的草稿完成之前，让每本书留在原地不动。我确实也做到了这一点。连续好几个月的时间里，所有来客都得顺着蜿蜒在书堆间的路径前行。比较困难的是我得与爱打扫的沃尔佩特太太对抗——她是个来自符腾堡的寡妇，性格耿直，负责整理我的住所，当她在书堆前停留时我总是提心吊胆。

第一批在史学上致力于耶稣生平研究的代表人物,不管是否能纯粹地从史实中探究耶稣的存在,或是否能从批判的角度检视作为耶稣主要信息来源的福音,都曾经历过一番挣扎。他们一步一步逐渐承认,耶稣能够意识到自己被上帝赋予了使命,这与他们自己从历史批判性的角度研究耶稣生平事迹及其所传播的理念并不矛盾。

　　从 18 世纪到 19 世纪初,有关耶稣生平的研究往往把耶稣描绘成一个伟大的启蒙者,认为他想引领人民远离犹太教非精神性的教义,进而信仰即将在人间建构道德天国的慈爱上帝——一种合乎理性且超越所有教条的信仰。他们尤其致力于把耶稣缔造的所有奇迹解释为被众人曲解的自然事件,希望借此完全终结人们对那些奇迹的信仰。在这些理性主义的耶稣生平研究中,最知名的是文图里尼(Karl Heinrich Venturinis)的《伟大先知拿撒勒的自然史》。这部作品在 1800—1802 年于伯利恒(事实上是哥本哈根)匿名出版,长达 2700 多页,分为四册,以德文写成。莱玛鲁斯曾试图从晚期犹太教有关末世弥赛亚的教义出发来理解耶稣的布道,不过当时并没有引起注意。

　　有关这方面的研究,在人们严谨地检视福音记载内容的历史价值之后才真正进入轨道。这项始于 19 世纪初期并延续了好几十年的研究工作,后来得到下列结果:首先,《约翰福音》在叙事上与其他三部福音并不一致;其他三部福音较为古老,作为资料来源可信度较高;三部福音中共有的内容,都是以《马可福音》原有的记载为蓝本;最后,《路加福音》出现的时间明显比《马太福音》和《马可福音》晚了许多。

　　史特劳斯于 1835 年出版的耶稣传记,则让耶稣生平研究陷入了困境。

他认为，两部最古老的福音中有关耶稣的记载，只有一小部分可视为史实，其他大部分是神话性叙事，这些神话在原始基督教中逐渐形成，题材可回溯至《旧约圣经》中的神迹故事以及有关弥赛亚的内容。不过，即使史特劳斯质疑两个最古老资料来源的可信度，也不完全代表他本质上就是个怀疑论者，他只是第一个提出要真正了解福音中所记载的耶稣言行举止与传道时的种种细节有多么困难的人。

之后，从 19 世纪中叶起，一种现代历史观逐渐形成。其主要观点包括：耶稣曾力图将当时犹太人在现实中对弥赛亚的期盼加以精神化；在言行举止上，耶稣都以精神上的弥赛亚与道德天国的创建者自居；耶稣在众人不理解且背离他时，决定为自己的志业而死，希望以此促成其志业的成功。当时以这些普遍、共通的观点描绘耶稣生平的作品中，最为人熟知的就是雷南（1863 年版）、凯姆（Theodor Keim，共 3卷：1867 年版、1871 年版、1872 年版）、哈瑟（Karl Hase，1876 年版）以及霍兹曼（Oskar Holtzmann，1901 年版）的著作。霍兹曼（也就是我的老师）则在他关于最早的三部福音书的研究与《新约圣经神学》这本著作中，尝试为这种诠释作详细的学术论证。哈纳克（Adolf Harnack）在《基督教的本质》（1901 年）中对现代化的耶稣教义的呈现，可能是最为生动的。

其实自 1860 年起，有关耶稣生平疑点的一些研究者，就认为"耶稣曾尝试将人们对末世弥赛亚的期盼予以精神化"这一观点是根本行不通的，因为在许多记载中，耶稣完全是以很实际的态度谈论末日时人子和弥赛亚国度的到来。所以，如果不想重新诠释或推翻文献记载，我们就只剩两种选择：一、承认耶稣确实活在晚期犹太教的末世观中；二、认同文献中只有部分语录真正为耶稣所言——从纯精神层面谈及弥赛亚与弥赛亚国度的那部分——其他观点则是原始基督教在重拾晚期犹太教的末世观之后借耶稣之名添加的。面对这两种选择，研究者一般倾向于后者。因为弥赛亚观给人的感觉过于突兀，而耶稣居然也可能认同这种观点，这对那些学者来说太难以置信，也太失体统。因此，他们宁可质疑那两部最古老的福音书，并将书里记载的部分耶稣言谈——奇怪的内容——视为捏造。不过，就如同科兰尼（Timothée Colani，《耶稣基督与同时代之弥赛亚信仰》，1864 年）和弗克马（Gustav Volkmar，《拿撒勒的耶稣》，1882 年）在他们的作品中致力于区分真实的"精神弥赛亚"与捏造的"末世弥赛亚"，那些研究者们接下来必须对"耶稣曾自视为弥赛亚"这件事采取否定立场。因为在耶稣对门徒透露自己就是弥赛亚这个秘密的段落中，全都是与"末世弥赛亚"有关的内容——表示他就是那个在末世时会以"人子"身份出现的人。

耶稣是否为末世论者？这个问题至此尖锐地化为：他是否自视为弥赛亚？接受"耶稣自视为弥赛亚"观点的人，就必须接受他对弥赛亚的想法和期盼与晚期犹太教的末世观一致；反之，不承认耶稣是持有晚期犹太教末世观的人，就不能认为耶稣拥有弥赛亚的自觉。

雷德正是以这种观点一致的方式撰写其作品《福音中的弥赛亚秘密》（1901 年）的。他在整部作品中一贯的观点是：耶稣只是一个传道之师，他去世后才在信徒的想象中变成了弥赛亚；基于这样的想象，原始基督晚期时，众人口耳相传中的那些耶稣言行与活动（即耶稣刻意隐藏秘密，不公开自己是弥赛亚的身份），便被这样记载了下来。当然，这个假设的演变过程究竟是如何发生的，就连雷德自己都说不出个所以然来。

　　因此，人们在质疑耶稣的末世观或弥赛亚言论时，就会毫不留情地连带着得出一个结论：在两部最古老的福音中，除了有关拿撒勒的耶稣在教学上的一些笼统记载外，其他都不能以史实看待。然而，相较于陷入如此过激的立场，后世研究者宁可接受"耶稣确实持有弥赛亚末世观"的说法。于是约19世纪末时，类似"耶稣传道具有末世论特征和耶稣拥有弥赛亚自觉"的观点又开始普遍被采用，例如海德堡神学家怀思（Johannes Weiß）在他的《耶稣之天国训示》（1892年）一书中就有着非常清晰的论述。不过，关于这条路，怀思只走了一半。许多神学家私底下希望自己最后不必全盘接受怀思的主张，但他们应该比他走得更远才对，因为怀思虽然让耶稣的言谈思想末世论化，却没有从中推论出耶稣的行为必定也受末世论主导。对耶稣生平活动的过程及其受死的决心，怀思只以耶稣传道时所述的"初期成功、后期失败"的一贯论点加以诠释。然而，想对耶稣生平进行历史性的理解，就必须考虑"耶稣曾生活在晚期犹太教末世观／弥赛亚观的世界中"这个事实，及其可能带来的一切后果。也就是说，我们不能单以一般心理学来衡量耶稣的决定与行为，而要从他在末世预期心态中所形成的动机去理解。这个以末世论为因果来解答耶稣生平问题的观点，我在《救世主与受难的秘密》中初步描绘过，不过后来在《耶稣生平研究史》一书中则进行了详尽的叙述。从这个观点入手，耶稣在思想、言论和行为上让人困惑至今的地方便变得合理了些，福音中许多令人费解且被质疑为虚构的内容也会被证明完全真实可信。于是，对耶稣生平采取末世论的诠释途径，为所有对《马可福音》和《马太福音》可信度的质疑画下了句号。由此可知，福音中有关耶稣公开活动与死亡的内容，是根据忠实的、且连细节都极为可靠的口述方式而形成的。假如这些记叙中有若干含糊不清或令人混淆之处，也是门徒们在某些情况下并没有完全理解耶稣言行的意义导致的。

《耶稣生平研究史》一书出版后，我和雷德开始了友好的书信往来。得知他深受无法根治的心脏痼疾之苦，且正与死神搏斗，我的心情非常沉重。在他寄给我的最后几封信中，有一封他这样写道："主观来说，日子还过得去；但客观来说，我的身体状况毫无希望。"想到自己可以完全不用顾虑健康问题而不眠不休地工作，正值壮年的他却不得不放弃工作，我的心情就低落不已。我在著作中对他的研究表达过的赞赏与认同，或许能够弥补一些他在无畏追求真相的过程中所遭遇的敌意。后来，雷德于 1907 年过世。

让我有点意外的是，我的作品在英国立刻受到了肯定。特别是牛津大学的森戴（Wilhelm Sanday）教授，他是第一个大力推崇我的观点的人——他在有关耶稣生平问题的课堂上引用了我的观点。他还热切地邀请我到牛津做客，可惜我实在抽不出时间，只能婉拒他的好意。那时候我已开始学医，又得为神学院的讲堂备课，还得忙于我用法文撰写的巴赫专著德文版的出版发行事宜。就这样，我第二次错失了认识英国的机会。

不久，剑桥大学的柏吉特（Francis Crawford Burkitt）教授也开始关注我的作品，后来更促成了《耶稣生平研究史》英文版的出版发行。书中极为出色的翻译，正是他的学生蒙哥马利教士（Rev. W.Montgomery）的杰作。基于共同的神学背景，我与这两位先生很快就建立起了非常真挚的友谊。

柏吉特对我的论点的兴趣，纯粹是学术性的；森戴则从他自身的宗教立场出发，认为我的论点极其珍贵。自由派新教徒所主张的耶稣的现代形象，在森戴的天主教思维中实在不怎么讨喜。

对泰利尔（Georges Tyrell）而言，我的这部著作也别具意义。如果不是从中发现耶稣的思想与行为受末世观主导的学术根据，他就无法果断地在《十字路口的基督教》（1910年）中将耶稣描述成一位道德的末日启示者——从本质来看，他信仰的是天主教而非新教。

六、历史上的耶稣与如今的基督教

在前两部有关耶稣生平的作品越来越为人所熟知的同时，我也经常被各方追问一个问题：身为末世论者、期盼世界末日与超自然天国降临的耶稣，到底对我们意味着什么呢？其实，我自己在研究过程中也在不断思考这个问题。能够解开某些有关耶稣存在的历史谜团，我衷心地感到满足，但是这种快意也伴随着沉痛，因为我担心这份对历史的新理解会给基督信仰带来不安与难处。我用自小就坚信的一段话来安慰自己，就是使徒保罗所说的"我们凡事不能抵挡真理，只能扶助真理"。因为动脑力的事本质上就是追求真理，而每个真理到最后都代表一种收获。不管在任何情况下，真理都比非真理更具价值，这点必定也适用于历史真理。在虔诚的信仰面前，即使真理显得不可置信，甚至会给人带来困扰，但最终的结果从来都不会是危害，只会让人们的信仰更坚定。因此，宗教完全没有理由回避与历史真理正面交锋。

假如基督教真理与历史真理能在各方面保持一致，那它在当今世界的力量将何等强大！然而，过去每当有历史真理给基督教信仰者带来难堪时，他们不仅不让史实成真，还有意无意地以各种方式转移注意力、回避事实或隐瞒真相。他们不直视必须面对的新真相，不承认它是新事实，不以实事求是的态度给予其合理性，而是搬出那套虚伪做作且漏洞百出的论点，让一切再回到过去。纵观基督教目前的处境，它只有发奋图强，才能挽回过去一再错过的与历史真相公开交换意见的机会。

仅仅从下面这件事就能够证明我们处在何种境地——早期的一些基督徒常常不分青红皂白，便把许多文章冠上使徒之名，只因这样做会让这些文章里的理念显得更权威！但是，如今这件事却成了几世代以来众人争论不休且互生嫌隙的痛苦根源。基于已被确认的事实证据，那些无法假装对《新约圣经》里可能造假的段落——虽然其内容极为珍贵且受人喜爱——视若无睹的人，与那些为了维护古老基督教界的声名而质疑造假段落内容真伪的人，立场完全是针锋相对的。然而，该对这件事负起责任的人，几乎没有意识到自己犯了什么错。他们只是依循习以为常且不问究竟的习惯，把一些表述某知名人物思想的文章冠上名人之名予以发表。

在进行早期基督教史的研究过程中，因频繁处理这种违反史实之偏误所造成的问题，我也变成了捍卫基督教之真实与坦诚的热衷者。

假如耶稣以一种超越时空且世世代代的人皆可轻易领略的方式来传播宗教真理，将会是最理想的状况。可惜事情并非如此。而且之所以并非如此，也有一定的道理。

我们得接受这一事实：耶稣爱之宗教，出自一种预计世界将走向末日的世界观。他以这种世界观为理念来传播他的宗教，而我们无法在这种理念中内化这种宗教，于是不得不把它代入新时代的世界观中。

直到现在，我们始终在不自觉地偷偷这样做。我们违背耶稣教义内容的原意，以它仿佛完全符合自己世界观的方式来理解它。现在我们得看清一点：其实，我们是通过一种出于必要而采取的行动，以便让耶稣教义符合我们的世界观。

因此，我们得承认这个不争的事实：宗教的真理是会转变的。

不过，我们该如何理解这一点呢？

就精神与道德的真正本质而言，基督教的宗教真理历经数世纪而不变，改变的只是它在不同世界观中所展现的外在轮廓。原本形成于晚期犹太教末日世界观中的耶稣爱之宗教，便是以这种方式与希腊晚期的、中世纪的以及当代的理念产生联结。虽然经过了几个世纪，其本质却依然相同。它在不同的世界观中如何被看待，是相对的，而它最初的精神与道德的真理对人的深刻影响才是真正需要的。

我们不再像那些有幸听过耶稣传道的人那样，期待天国真的会在超自然现象中降临，而是认为，只要通过耶稣的精神力量，天国就会在我们内心与这个世界之中形成。尽管有所差异，但我们始终被这个天国理念所主导，如同当时耶稣对信徒所要求的那样。

我们通过爱来认识上帝并归属于上帝——耶稣把登山宝训"天国八福"[1] 中这个强而有力的思想注入了晚期犹太社会对弥赛亚的期盼，完全没有把天国或极乐这些现实想法加以精神化的意图。只不过这个爱之宗

1　编注：登山宝训，指的是《马太福音》（5—7）所述的耶稣在山上说的话，其中最著名的是"天国八福"。这段话被认为是基督徒言行及生活规范的准则。

教所蕴含的精神性像火焰般逐渐燃烧，净化了所有与它相关的想法。由此看来，基督教的发展注定会经历一个不断精神化的过程。

耶稣从未解释过有关弥赛亚或弥赛亚国度里晚期犹太教的教义。他并不关注信仰者如何看待事物，只关注信仰所包含的爱是否足够强大——没有爱，任何人都无法归属上帝并加入天国。他传道的内容是关于爱，或整体来说是关于如何从内心做好准备迎接天国。弥赛亚教义则隐身幕后，如果不是耶稣偶尔提及，人们可能会忘记它是个先决条件。这也说明了耶稣爱之宗教的时代背景何以被忽略如此之久。晚期犹太教弥赛亚的世界观就像一个火山口，不断喷发出永恒的爱之宗教的火焰。

如今，布道时若想对人们阐述历史上的耶稣，并不一定要引用相关格言反复解释末世弥赛亚世界观的意义，只要能让他们在某种程度上认为"耶稣活在对末日与将以超自然方式降临的天国的期盼中"，就足够了。不过，假如布道内容是耶稣的福音，便必须深入探究耶稣言语中的原本意义，并通过历史的真理努力追寻永恒的真理。如此，布道者会不断发觉，只有通过这样的探索，才能真正领悟耶稣对我们所说的一切！

史实所认可的耶稣，虽然是从另一个思想世界——并不是我们所熟悉的世界——对我们说话，然而并没有让布道变得更困难，反而使其变得更容易。这是我自己的经验，也得到了某些教士的证实。

每当听见耶稣的言论，就以另一种世界观来思考与理解，这么做是有深意的。因为在我们自己对世界与生命持有肯定态度的世界观中，基督教永远都会面临肤浅化的危机。回到耶稣期盼末日的脉络中去理解耶稣的福音，会让我们离开过分关注天国理念的大道，回到追求内在精神世界的小径上，并敦促我们以超脱现实世界的精神，寻求在心灵天国中行动的真正力量。基督教的本质，是历经否定世界的信念后又肯定世界。耶稣就是在他否定世界的末世观中建立起了积极的爱的伦理观。

史实中的耶稣似乎显得有些奇怪，但比起我们从教条文本与前人研究中所认识的那个耶稣，其影响还是——事实上确实——更强烈、更直接的。教条文本中的耶稣失去了生气，缺乏性格；前人的研究则让耶稣过于现代化且受到贬低。

任何人只要勇于正视史实中的耶稣，聆听耶稣强而有力的言论所表达的深意，便会立刻停止质疑陌生而奇怪的耶稣对自己有何意义，转而相信自己所认识的耶稣拥有主宰一切的力量。

要真正理解耶稣，就要理解意志如何影响意志。我们跟耶稣的真实关系，就是全然信服于他。对耶稣的一切虔信，只有在自己的意志完全臣服在耶稣的意志之下时，才会产生崇高的价值。

耶稣并不苛求世人能以文字或思想表达出他是谁，也并不认为有必要让那些倾听他言论的人有机会窥知其人格秘密，或知道他是大卫的子孙，未来将会现身为弥赛亚。他对信众唯一的要求是，他们能在行动与受苦中证明自己通过耶稣的教导超脱了真实世界的存在而进入另一种存在，且因此共享了他的平静祥和。

因为在研究和思索耶稣的过程中越来越确信上述观点，于是我在《耶稣生平研究史》中以这些话进行结尾："一如他曾在湖畔走向那些不认识他的人，如今耶稣依然以一种陌生者与无名氏的身份来到我们身边。他说着同样的话'请随我来！'同时把我们领到这个时代使命面前并下达指令。那些遵循指令的人——不论是智慧者还是驽钝者——都将与他同在，经历一切平静、斗争、奋斗与痛苦，并从他的行动中得知'他是谁'，知晓这个不可言说的秘密……"

耶稣所称的那个很快就会降临的超自然天国后来并没有降临，于是引起了许多人的愤慨不满。由此可知，史实中的耶稣也是会"犯错"的。

对于那些清清楚楚记载于福音里的文字，我们又该如何看待？如果我们以牵强附会的方式大胆地解释，使这些记载与"耶稣绝对不会犯错"的独断观点一致，那这种做法符合耶稣精神吗？他从未宣称过自己无所不知。例如，他曾向尊称自己为"良善的夫子"的年轻人说，只有上帝才是良善的（《马可福音》10：17—18）。因此，若有人想为他冠上如神明般的完美头衔，他应该也会表示反对。有关精神真理的知识，并不需要从关于世事更迭或地表万物的知识里得到证明，它属于另一个领域，完全独立于后者。

史实中的耶稣，令人感动之处在于他的地位在神之下。这个位置上的耶稣，比按希腊形而上学理念构想而成的、无所不知且完美无缺的教义上的耶稣更伟大。

耶稣教义被证明了具有末世论的背景，一开始这件事对自由派新教徒来说是个沉重的打击。几世代以来，他们在研究耶稣生平的过程中都相信任何历史知识的进展，会对非刻板教义的那部分特质公诸于世更加有益。19世纪末，他们更进一步认为自己终于证明了一点：我们的宗教思想可以不假思索地接收这个要在人间建立天国的宗教。然而没过多久，他们又得承认这种想法只适用于被自己不自觉现代化了的教义，并不适用于耶稣真正的历史教义。我不得已变成了摧毁自由派新教徒心中基督形象的人之一，对此我也感到痛苦。但我同时坚信，基督的形象不该仰赖一种历史幻想，它也可以引用史实中的耶稣为证，而且其本身就极具正当性。

即使自由派新教必须放弃将自己的信仰与耶稣教义相提并论，其所拥有的耶稣精神也是认同自己而非违背自己的。可以确定的是，耶稣让自己的教义融入晚期犹太教的弥赛亚教义中，然而他的思考方式并不刻板，他也没有制定出"信仰教义"。因此，硬要说这种信仰具有某种教条性，便是一种远远背离事实的判断。耶稣从未在哪里要求过他的信众得为信仰而牺牲自己；恰好相反，他让他们对宗教多加思索。在登山宝训中，耶稣让信众沉思宗教的道德伦理性而非其本质，并依虔诚笃信如何影响人的伦理观来对其加以判断。他在那些信众对弥赛亚的满心期望中，点燃了道德伦理信仰的火苗。因此，登山宝训是自由派新教手上无可争议的凭证。道德伦理乃宗教信仰之本质，这一真理经由耶稣的权威得到了证实。

此外，经由晚期犹太教末世论观点的式微，基督教得以挣脱末世论理念，从而获得自由。铸造末世论思想的模具已经破损，现在我们能够让基督教依据其精神伦理本质在我们的思想中活跃并起到积极的作用。

我们将会知道，这个在希腊教义中代代相传且经过许多世纪的虔诚笃信才得以维持生命力的基督教里，究竟藏有多少珍贵的东西，信徒如何以爱、敬畏与感激守住教会。我们会以这种形式让自己归属教会——参照使徒保罗所说的"凡主精神之所在，便有自由"，并相信通过全心奉献于基督教，会比全然服从所有信条更能为基督教服务。假如教会具有耶稣精神，就该包容任何形式的基督信仰者和不奉行教条的自由派信仰者，为他们留有空间。

敦促基督信仰者坦率面对并深入探究历史真相是我的使命，然而要肩负这个使命并不容易。尽管如此，我还是怀着喜乐的心态为此献身。因为我很确信，对一切真实坦诚就是一种耶稣精神。

七、关于巴赫研究的著作

在进行耶稣生平研究史工作的同时，我完成了一本关于巴赫的法文书。每年春秋，我总会有几周时间在巴黎与魏多共度，那时他常常抱怨有关巴赫的法文书内容仅限于纯粹描述其人其事，而引导读者从艺术层面认识巴赫的书却一本也没有。为此我答应他，会利用1902年秋假为巴黎音乐学院的学生写一篇有关巴赫艺术本质的文章。

　　以前在圣威廉教堂的巴赫合唱团担任管风琴手时，我就弹奏过巴赫的作品，且从理论上深入研究过巴赫，所以这项任务非常吸引我，正好让我有机会表达那段时间的心得。

　　然而假期即将结束时，尽管我已全力以赴，论文还是停留在准备阶段。同时我也越来越清晰地感知到，这篇文章势必会扩充成一本书，而我也勇敢地接受了命运的安排。

　　在接下来的1903年与1904年，我几乎用所有的闲暇时间来研究巴赫。不过因为手头已有巴赫作品全集——当时坊间不仅一书难求，且只能以极高的价格买到——所以不必非得去大学图书馆研读总谱，这让我的工作轻松不少。那阵子，我只有晚上才抽得出时间研究巴赫，所以去图书馆是件非常困难的事。关于这套书的由来，其实是因为我偶然从斯特拉斯堡的一个乐商那里得知，巴黎有位因赞助巴赫学会而向他订购过巴赫作品全集的女士，当时正想把这套数量惊人、颜色灰扑扑且占据她书房庞大空间的大部头处理掉，又觉得转让书能为别人带来快乐，她便以离谱的低价——200马克！——把书卖给了我。这种从天而降的鸿运，简直是作品成功的好兆头。

尽管我因阅读广泛而对音乐史和音乐理论有一定认识，但我毕竟是非专业音乐学者。所以老实说，要动手写一本有关巴赫的书，对我来说还真是个鲁莽的决定。不过，我计划的出发点也不是要提供有关巴赫及他的时代的新材料，而是想以同为音乐人的身份，跟其他音乐人谈谈巴赫音乐。至今这类书很少谈及的部分，如阐明巴赫音乐的本质、探讨符合巴赫精神的演奏的问题，都会是我讨论的主要内容。相对地，有关其生平的介绍或某些历史记述，则会以引言的方式呈现。

每当心中升起一股忧惧，担心这项工作对我来说会不会太难时，我就会这样安慰自己：我这本书不是为德国而写——德国有关巴赫的知识与学问已极为渊博——而是为法国而写；在法国，这位圣托马斯教堂唱诗班指挥家的艺术还需要更多人来宣传推广。

以德文授课和布道的同时，用法文来写这本书，对我来说有点吃力。尽管从小我的法语就跟德语一样好，而且因为家里的习惯，很早以前我就只用法文写家书，但是我并不觉得法语是我的母语，德语才是。因为我的出生地的语言是阿尔萨斯方言，就是德语的一种。

有人认为自己拥有两种母语，在我看来这似乎是一种自我欺骗。或许他以为自己是以同样的方式精通这两种语言，然而事实并非如此——实际上他只能用一种语言思考，也只能在这种语言里真正随心所欲且有创意地行事。因此，每当有人对我说他对两种语言的运用有着绝对相同的信心时，我就会立刻问他：你在数数与计算时是用哪种语言？在描述厨房餐具以及木匠或铁匠使用的工具时用哪种语言？在梦里又是说哪种语言？至今我还没发现有哪个人在这个测试中不是特别偏向某种语言的。

　　我在撰写这本书的过程中，从吉勒（Hubert Gillot）身上受益良多。那时他是斯特拉斯堡大学的法文教师，对我的文体风格提出了不少很有用的建议，尤其恳切地提醒我，相较于德文，法文语句对韵律感的要求更高。

　　我感受到的差异是：使用法文时，就好像在一座优美的公园里沿着被人悉心照料的小径散步；使用德文时，则像在一座壮丽的森林里漫游。德语因一直与方言交融，所以能不断吸纳新生命；法语则相对失去了这种质朴性。文学中的法语词汇，不管字义是褒是贬，大体已固化了，而德语则像演化中的语言。法文最完善之处，在于能够以最清晰、简洁的方式进行表达；德文的优势，则在于能以多样的形式进行表达。在我眼里，卢梭的《社会契约论》是法语作品中最伟大的创作，最接近完美的德语作品则是马丁·路德翻译的《圣经》与尼采的《善恶的彼岸》。

　　在法文写作中，我养成了总会注意句子结构的韵律感并尽量让修辞更加简洁的习惯，后来我在德文写作时也会这样要求自己。通过用法文撰写这本书，我也学习到使用何种写作风格最能反映自己的秉性。

就像每个通过书写思考艺术的作者一样，如何用文字把自己对艺术的评价与体会表达出来，是我要面对的挑战。因为所有关于艺术的看法，都只能以比喻或类比来表达。

1904 年秋天，我总算可以告诉正在威尼斯度假且不断写信催促我的魏多，说我的工作已基本完成，而他也该开始着手撰写先前承诺过的序言。这件事他立刻完成了。

这本于 1905 年出版的书[1]，是献给玛提尔德·史怀哲（Mathilde Schweitzer）夫人的，即住在巴黎的我的大伯母。1893 年，要不是她介绍我跟魏多认识，还很亲切地招待我到她家做客，让我不断有机会与魏多共事和相处，我应该不可能产生写巴赫的念头。

这本原来不过是为填补法国音乐文献的一个缺角而写的书，后来在德国竟被认为丰富了巴赫研究而得到肯定，真是让人喜出望外。冯·吕普克（von Lüpke）还在期刊《艺术守卫者》中提出这本书该有德文译本的建议。于是同年秋天，我与布莱特可普夫暨黑特尔出版社（Breitkopf & Härtel）谈妥了德文版出版一事。

我于隔年夏天完成《耶稣生平研究史》一书，并开始着手有关巴赫一书的德文译本的工作时，却意识到我根本无法翻译自己的书，若想圆满完成，势必要重新埋首于研究资料中。于是我合上法文版一书，决心再写一本更好的德文版。结果这本书从原版的 455 页变成了 844 页，大感惊愕的出版商因此抱怨不已。新书的前几页，是我在欣赏美妙无比的

1　作者注：《音乐诗人巴赫》（*J.S.Bach, le musicien-poète*，巴黎 Costallat. 出版，莱比锡 Breitkopf & Härtel 出版，1905 年，共 455 页）。

《特里斯坦与伊索尔德》演出后在拜罗伊特的黑马旅馆里写的。在那之前，我已经有好几个星期的时间想下笔却徒劳无功；怀着刚从剧院归来的那股激昂的情绪，我终于做到了——即使楼下酒馆的喧闹声不时地传入我又小又闷的房间，我依然文思泉涌、振笔疾书，一直写到隔天日出之后很久才停笔。从那一刻开始，我对这份工作十分乐在其中。即使医学课程、讲堂备课、布道活动及巡回音乐会这些事不允许我在此事上持续太久，经常一搁置就是数周，但我还是在两年内完成了这本书。

这本有关巴赫的德文版专著[1]于 1908 年年初出版。后来纽曼（Ernest Newman）以优美而精准的文笔译出的英文版[2]，就是根据这个德文版翻译的。

反瓦格纳阵营的人在抵制行动中，依他们自己设定好的标准将古典音乐的崇高理想作为诉求，并把这种理想的古典音乐定义为纯粹音乐。对他们来说，这种音乐没有引发诗意与画面性之情绪的空间，而只考虑将优美和谐的旋律极力发挥到尽善尽美。通过巴赫学会的宣传，巴赫的作品自 19 世纪中期开始越来越为人所熟悉。在他们眼中，巴赫的作品极具古典艺术，于是便被引用，以对抗瓦格纳；他们对待莫扎特作品也像对待巴赫作品一样。对他们来说，巴赫的赋格是不容辩驳的铁证，因为它完全符合他们心目中纯粹音乐的理想。菲利普·史彼塔（Phillipp Spitta，1841—1894）在他的两大册作品中，把巴赫作品描述成了纯粹

1　作者注：《巴赫传》（莱比锡 Breitkopf & Härtel 出版，1908 年，共 844 页）。

2　作者注：英文版分成两册，发行于 1911 年，同样由 Breitkopf & Härtel 出版，1923 年伦敦 A. & C. Black 取得发行权。

音乐的典范。这两大册作品 [1]，是首次经深入研究文献资料而写成的巴赫传记。

相较于史彼塔把巴赫描述为纯粹音乐的守护者，我更愿意在我的书中将其描述为音乐诗人和音乐画家。所有用文字能够传达的情感和画面，他都想通过声音尽可能生动、清晰地再现出来。他总是以一连串流畅的音符描绘出景象。因此，他不仅是个音乐诗人，更是个音乐画家。若与柏辽兹和瓦格纳的艺术风格相比较，巴赫更接近前者。用文字所能描绘的上下飘荡的雾、呼啸而来的风、潺潺流过的溪水、起伏不定的海浪、凋落的秋叶、响起的丧钟、坚定的信仰、迟疑的信念、受挫的自傲者、张牙舞爪的撒旦、在云端游荡的天使……这些景象，你都可以在巴赫音乐中听见、看见。

巴赫似乎拥有一种独特的音乐语言。在他的音乐中，有些旋律总会不断重现，以表达平和的幸福、明快的喜悦、剧烈的痛苦以及庄严的痛楚。

渴望表达带有诗意与画面的想法，乃是音乐艺术的本质。音乐创作者以天马行空的想象力诉诸聆听者，希望让他们心里油然而生的情感体验及影像画面鲜活起来。不过，要做到这点，得看这位用音乐语言表达的人是否具有如此不可思议的神技，是否能真正通过表达力让自己的想法明确且精准地再现。就这方面来说，巴赫可谓大师中的大师。

他的音乐充满了诗意与画面感，因为其主题源自充满诗意和画面的想象。因这些主题，他的作品呈现出一种完美的通过声音构造的建筑形

1　作者注：第一册出版于 1873 年，第二册出版于 1880 年。

式。本质上具有诗意与画面性的音乐，会呈现一种哥特式建筑般的声音。这种艺术拥有原始的生命力及奇妙的可塑性，不仅形式独一无二且趋近完美，所展现的精神更令人震撼——一个在纷乱尘世中渴望平静且享受过平静的灵魂，在自己的音乐中与他人分享自身的体验。

巴赫的这种艺术风格所带来的结果是，如果想发挥最佳演奏效果，就必须在听众面前重现其生动、完美的画面性。然而，这个基本演奏原则至今仍未受到重视。

一个违背巴赫音乐风格的既存事实是，我们常用大编制的管弦乐团与合唱团来演奏他的作品。清唱剧与受难曲都是为25人到30人的合唱团与大约同等编制的管弦乐团而创作的。巴赫的管弦乐并非合唱部分的伴奏，而是两者相辅相成。而能够匹配150人合唱团的管弦乐团是不存在的。因此，我们将来或许可以这样做：以四五十人的合唱团搭配由五六十个乐手编制的管弦乐团，来演奏巴赫的曲目；美妙的声音必须融为一体，旋律结构也必须清晰可闻。对于女低音与女高音部分，巴赫并不采用真正的女声，而是采用男童的声音，即使独唱曲也一样。仅由男声组成的合唱团，能够产生一种同质化的整体感。因此，演奏时至少应该以男童声来辅助女声，最理想的安排则是女低音与女高音的独唱部分都由男童来担当。

因巴赫音乐风格具有建筑性，所以那种在贝多芬音乐或后贝多芬音乐中用于反映情感渐强与渐弱的表达方式，对其而言并不适合。在巴赫音乐中，强与弱的转换只有在突显主要乐句与淡化次要乐句时才具有意义；也只有在这个强与弱的范围之内，才适合表现吟诵式的渐强与渐弱。假如渐强与渐弱的表达方式模糊了强弱之间的差异，那么整首乐曲的结构就会被瓦解。

由于巴赫音乐的赋格总是始于主要乐句，也终于主要乐句，因此乐曲的起始或终了都不能以弱音来演奏。

几乎毫无例外，巴赫作品都被演奏得节奏过快。巴赫音乐是以数条并行的旋律线为前提的，演奏速度太快会使其失去清晰的旋律线，导致听众耳中一片混乱。

巴赫音乐之所以能真正展现生命力，靠的不是演奏的速度，而是乐句的划分——它让旋律线充满了活力，能够生动地在听众面前展现出画面性。

奇怪的是，19世纪中叶前，演奏者普遍用断奏的方式来演绎巴赫作品，但在那之后却进入了另一种极端，开始千篇一律地以圆滑奏的方式来演绎——1893年，我从魏多那里学习的就是这种弹奏方式。不过随着时间的推移，我慢慢领悟到：巴赫倡导的是生动的乐句。他从小提琴手的角度进行思考，在他的想象中音符以某种方式相互联结又彼此分离，就像小提琴琴弓拉出的音那般自然。要想弹好一首巴赫钢琴曲，就意味着你得把它当成弦乐四重奏来演奏。

要想正确地划分乐句，得先正确地运用重音。巴赫主张把重音放在那些对旋律线走向具有决定性作用的音符上，以凸显其意义。他的乐段有个典型的结构特征，即原则上不从重音开始，而是逐步加重至重音；它们在巴赫的构思里是弱起小节。还有一点必须注意：不要将巴赫音乐旋律线的重音与其自然的节拍重音混为一谈，而要让它们独立并行。如此，这两种不同的重音之间会产生一种张力，巴赫音乐中非比寻常的节奏生命力便由此而来。

以上所述，乃是演奏巴赫音乐的外在要求。除此之外，巴赫音乐也要求我们成为沉稳专注、精神内敛的人，因为只有如此，才能真正为他音乐中深藏的灵魂赋予生命力。

我对巴赫音乐的本质及符合其精神的演奏方式的论述，因适逢其时而得到肯定。巴赫作品集大致于 19 世纪末出版齐全，许多音乐家是弹奏过这些作品后，才领悟到他与学院派古典音乐的代表有所不同。他们对传统的演奏方式感到疑惑，并开始寻找一种更能反映巴赫风格的诠释方式。然而，当时这些新认知却没有人表述或为此立论过。因此，那些关注巴赫作品的音乐家思索已久的观点在我的书中首次被提及，我也因此结识了许多朋友。

这本书出版后没多久，我就收到了许多情感真挚的来信。每当想起这些，我的内心就满是感动。我景仰的指挥家摩特（Felix Mottl）从莱比锡写信给我，说朋友在他从慕尼黑上火车时递给他这本书，然后他在火车上和旅馆中一口气读完了它。没多久，我跟他碰了面，后来我们又聚过几次，共度美好时光。

通过这本书，我还认识了柏林的巴赫音乐指挥家西格弗里德·奥赫斯（Siegfried Ochs），之后我们之间的友谊越来越深厚。

因为我使罗马尼亚女王卡门·希尔瓦（Carmen Sylva）热爱的巴赫变得更令人喜爱，她不仅给我写了一封长信，还与我有了更多的书信往来。她寄到非洲的最后几封信是她用铅笔费力写出来的，因为她饱受风湿折磨的手再也不能掌控钢笔了。这位王室贵妇曾不断邀请我去她家做客，希望我能为她每天弹奏两小时管风琴，只可惜我无法顺从她的心意——去非洲前的那几年，我根本没有余暇休假。当我再回来时，她却早已不在人世了。

八、关于管风琴与管风琴的制作

在撰写巴赫专著时，我还发表了一篇有关管风琴的研究性论文，于1905 年秋天学医前完成。

我从外祖父身上承袭了他对管风琴制作的兴趣。在我还是个小男孩时，就很渴望了解管风琴的内部结构。

不过，19 世纪末的管风琴，总让我觉得不太对劲。虽然它常被大家称许为"先进科技的奇迹"，我却无法对它产生好感。1896 年秋天，第一次拜访拜罗伊特之后，我特意绕道到斯图加特，去观摩那里的音乐厅新购置的管风琴——它可是当时报纸争相报道的对象。德才兼备的朗先生是当地教堂的管风琴手，他非常好心地向我展示了它的琴音。然而，这架广受称颂的乐器发出的声音却颇为刺耳，朗先生为我弹奏巴赫赋格时声音也是一片混浊，令人根本无法分辨其中的音节。此时，我心中原有的疑虑突然有了答案——就音色而言，现代管风琴代表的并不是进步，而是退步。为了厘清事实并找出原因，接下来那几年里，我在空闲时都会努力认识各种新旧管风琴。我也会跟所有遇到的管风琴手与制作管风琴的工匠交流探讨，不过，当我表达旧式管风琴的音色比新式管风琴更优的看法时，得到的回应通常是嘲弄与讪笑。连那部我用来阐述何谓真正的管风琴的作品，刚开始时也只得到少数人的理解与认同。这本小册子名为《德法两国的管风琴制作技术和演奏艺术》[1]，发表于 1906 年，是在让我的看法 180 度大转弯的斯图加特之行十年之后。我在书中写道：法国的管风琴制作工艺领先于德国，因为前者在很多方面都忠实地保留了传统的制作方式。

一架管风琴的音质往往取决于四个要素：音管、风箱、风压，以及管风琴的安装位置。

经由世代传承和自己积累的经验，制作管风琴的老师傅知道什么样的音管才是大小比例与形状最好的音管。他们在制作管风琴时只使用最好的材料。然而人们在制作新式管风琴时却经常仅根据物理原理来设计音管，将老师傅们的智慧成就弃而不用；为了尽量减少制作成本，在制作新式管风琴时用料也很节省。因此，那些工厂制作的管风琴音管，经常因管径太小、管壁太薄或因用其他材料取代上好的木材料或锡材料而发不出声音。

风箱是一个上面连接音管、风从此处注入音管的箱子。相较于现代风箱，老式风箱（所谓的 Schleiflade）存在不少技术缺点，且价格昂贵。然而，如果就音质而言，老式风箱要远远胜过新式风箱，因为基于几个特定因素，老式风箱的构造形式为音响效果提供了更有利的条件。

---

1 作者注：*Deutsche und französische Orgelbaukunst und Orgelkunst*，莱比锡 Breitkopf & Härtel 出版，1906 年，共 51 页。这篇论述先前刊于《音乐》杂志 1906 年第 13、14 期，之后于 1927 年再次发表。

旧式风箱上的音管发出的音色圆润、柔和且饱满，新式风箱上的音管发出的音色则生硬、刺耳且干涩；老式管风琴的乐音如行云流水，新式管风琴的乐音则如猛浪来袭。

在老式管风琴里，风灌进音管的力道较为适中，因为那时的鼓风器技术还不怎么完善，无法制造出更强的气流。而如今，我们可以用功能强大的电动鼓风器制造出任何程度的风压。从此，一台拥有 25 个音栓的管风琴，其音量可以与过去 40 个音栓的管风琴音量相当。由此，人们不仅忽略了新式管风琴的声音不像管乐器的声音，反而像轰隆隆的汽笛声，也忽略了管风琴得到大音量却失去好音质这件事。

还有管风琴的类型——根据琴键与音管的联结方式进行分类。现代人只是偏狭地想要降低成本、完善技术，却对怎么使管风琴在艺术表现上更臻完美方面不够重视。

如果说老式管风琴的音质听起来比新式管风琴还要好，原因在于其安装位置更合适。在一座中殿并不算长的教堂里，安装管风琴的最佳位置就是入口上方，也就是圣坛对面。此处高度足够且没有障碍，管风琴的声音可以不受阻隔地传向四面八方。

但假如中殿很长，比较理想的管风琴安装位置则是主殿中段有点高度的侧墙上，这样可以避免回音破坏声音的清晰度。欧洲许多大教堂里的管风琴，目前还是以这种燕子筑巢般的方式悬挂在中殿的侧墙上，这种安置方式会使一部具有 40 音栓的管风琴可以产生 60 音栓管风琴的效果。

现如今，人们力求把管风琴尺寸做到最大，还把管风琴和唱诗班放在一处，所以管风琴常被安装在并不恰当的位置上。

如果教堂入口上方的阁楼只容得下一台中型管风琴——真实情况也确实经常如此——人们可能会把管风琴安装到圣坛上，这么做最实际的好处就是管风琴和唱诗班能处于同一个位置。然而地面上的管风琴，其音响效果绝对无法与高台上的管风琴相提并论！因为它的声音无法扩展开来，在教堂满座时这一弊端更是明显。这世上有多少优质管风琴，特别是在英国，就因为它被置于圣坛之上而失去了应有的音效！

另一种把管风琴和唱诗班放在一起的常见做法，则是把教堂入口处的阁楼空间分配给唱诗班和管弦乐团，然后把管风琴放进后面的某个拱形空间里。这样做，管风琴的音效也无法呈现出来。然而，管风琴就该被置于某个凹洞的想法，对现代建筑师而言已变得过于理所当然了。

因键盘与音管间电动连接技术的发展，近来建筑师和管风琴制造商为克服距离问题，将体积庞大的管风琴拆解成不同部分，安置于不同位置，并在同一个演奏现场中共同发出声音。这种方式所产生的效果，或许会让众人为之赞叹，然而只有完整的管风琴才能从它理应安置的高处让和谐一致的声音流泻至整个中殿，为聆听者带来真正的艺术享受和庄严的音乐氛围。

如果教堂空间较大，又有一个规模较大的、有着管弦乐团伴奏的唱诗班，那么兼顾管风琴与唱诗班的唯一办法，就是尽量把合唱团和管弦乐团都安排在唱诗班里，然后用一部直立式小型管风琴在旁边伴奏。不过这样一来，弹奏大型管风琴的琴手就无法同时担任唱诗班的指挥了。

最好的管风琴，大约制作于 1810 年到 1880 年之间。当时，那些本身就是艺术家的管风琴师傅，妥善地运用历代累积的技术成就，想完美实现西尔伯曼（Silbermann）等 18 世纪管风琴制作大师的理想。其中最重要的人便是卡瓦叶·科尔（Aristide Cavaillé-Coll），巴黎圣母院与圣叙尔比斯教堂里的管风琴就出自他手。圣叙尔比斯教堂里那座完成于 1862 年的管风琴，虽然有几个小缺憾，但仍是我心目中最美的一架管风琴。至今它的表现仍然如最初那般优异，倘若能被好好保养下去，我相信两百年后它还能完美运作。相对而言，巴黎圣母院里的那架管风琴则受尽了磨难。由于战时那些彩绘玻璃全被拆下另做安置，失去窗户遮蔽的管风琴得承受暴露在各种天气状况中的后果。我曾多次在圣叙尔比斯教堂的管风琴旁遇到年迈的卡瓦叶·科尔先生（于 1899 年过世）每个星期天他都会来教堂做礼拜。他最爱说的一句话是："当管风琴的每根音管四周能有足够的空间让人打转时，它就能发出最美好的声音。"那个时期，在管风琴制作方面最具代表性的人物中，我特别推崇的还有北德的拉德加斯特（Ladegast）、南德的瓦克尔（Walcker），以及几位像拉德加斯特那样深受卡瓦叶·科尔影响的英国和北欧的大师。

大约 19 世纪末期，管风琴的制作者由曾经的大师变成了工厂制造商，而不想顺应这种发展潮流的人便很难生存。从此，人们不再关心一架管风琴的声音听起来好不好听，而是关心它是否配有那些方便变换音栓的现代装置，以及能否用最少的钱买到音色最多的琴。令人难以置信的是，人们并没有怀着虔诚和敬意去修复那些美丽的老式管风琴，而是盲目地把它们拆掉，然后用工厂里批量生产的琴将其取代。

最了解老式管风琴的美与价值的国家是荷兰。那些管风琴，虽然弹奏起来比较困难，还有不少技术上的缺点，但当地的管风琴手并没有因此而牺牲它那美丽、庄严的声音，甚至将其舍弃。当今，我们在荷兰的许多教堂里，还可以看到大小不同的各式管风琴。它们在过去的岁月里经由妥帖的保养修复，克服了技术上的缺点，并保留了原有的音色之美，还有些老式管风琴的外观精致，华美无比。荷兰在这方面的资产之富，几乎没有一个国家能出其右。

　　我在那部作品里提到的关于革新管风琴制作理念的一些想法，后来逐渐得到了重视。1909 年 5 月，在维也纳举行的国际音乐学会会议上，管风琴制作讨论小组在阿德勒（Guido Adler）的推动下成立了。在这个小组中，我和几个志同道合的成员共同拟了一份《国际管风琴制造规约调整》[1]，希望能消除人们对管风琴的纯粹技术的盲目推崇，再度以打造纯正且音质优美的乐器为目标。

　　真正的好管风琴，必须具备老式管风琴的优美音质与新式管风琴的技术优点。我们这种看法被越来越普遍地接受。这本关于管风琴制造的作品终于在其出版 22 年之后，以一种革新管风琴制作理念的形式再版了。其内文不变，但增添了一篇有关当时管风琴制作情况的后记。某种程度

1　作者注：《国际管风琴制造规约调整》，维也纳 Artaria 出版，莱比锡 Breitkopf & Härtel 出版，1909 年，共 47 页；法文版 *Règlement général international pour la facture d'orgues*，维也纳 Artaria 出版，莱比锡 Breitkopf & Härtel 出版，1909 年；意大利文版 *Regolamento generale internazionale per la costrzione degli organi*，*Bronte* 出版，1914 年，共 170 页（其中 P123—P170 为译者 D.Carmelo Sangiorgio 撰写的附录）。

上说，该版本也算是纪念版 [1]。

18世纪，那些具有里程碑意义的管风琴，在卡瓦叶·科尔和其他大师的努力下变得更趋完美。相对来说，从音色方面看它们已是我心中的典范。不过，最近德国的音乐史学家更想把管风琴的典范回溯至巴赫时代。然而当时的琴其实并非真正的管风琴，只能算管风琴的前身，因为它缺乏神圣壮丽的声音，而这点正是管风琴的本质特性之一。艺术的理想典范具有绝对性，并非越古老越好。有句话说得好——"一旦有了尽善尽美的方式，就该停止用不够完美的方式做事"。

制作管风琴应追求艺术价值和技术精良，这一简单观念虽然得到了普遍认同，但真正的实践过程却非常缓慢。归根结底，是因为现在的管风琴仍是由工厂大量生产而成，由此带来的商业利益阻碍了人们对艺术的追求。真正精心打造且具艺术价值的管风琴，往往比已成为市场主流的工厂制品贵30%。因此，真正有心提供优质管风琴的制造者，等于在拿自己的生计做赌注。从这个角度来看，用一笔能买40音栓管风琴的钱去买33音栓的管风琴，绝对是个正确的决定，但会被这种说法成功说服的教会毕竟凤毛麟角。

有次我跟一位爱好音乐的甜点师傅聊到了管风琴与管风琴制作。他说："做管风琴跟做甜点没什么两样嘛！现在的人已经不懂什么是好的管风琴，也不懂什么是好的甜点。人们不记得那些用新鲜牛奶、新鲜奶油、新鲜牛油、新鲜鸡蛋、最好的植物油、最好的脂肪、纯天然果汁和糖做

1　作者注：*Deutsche und französische Orgelbaukunst und Orgelkunst*（第2版），莱比锡 Breitkopf & Härtel 出版，1927年，P₁—P₄₈ 同原版，P₄₉—P₇₃ 为后记。

出来的东西是什么味道了。他们现在习惯的、容易买到的，都是用罐装奶、罐装奶油和牛油、脱水蛋白和蛋黄、廉价的油和脂肪、化学合成果汁及各种人工糖精做成的甜点，因为眼前已经没有其他选择。在对质量缺乏重视的氛围下，他们满足于那些包装美丽的产品。如果我想提供以前那样的好产品，就得做好失去客户的准备，因为就像那些优秀的管风琴一样，我的东西会贵三成……"

借着巡回音乐会，我有机会认识了几乎所有欧洲国家的管风琴，也因此不得不相信，我们离制作真正理想的管风琴还差很远。但是，这一天必然会到来——管风琴手要求制作精良且具艺术性的真正的乐器，并以此让管风琴制造者放弃工厂生产的成品。这个理想战胜现实的一刻，会在何时呢？

其实，最主要的问题出在风箱上。18 世纪时的管风琴巨匠们或卡瓦叶·科尔等人所使用的那种老式风箱，尽管在技术上无法与新式风箱相媲美，但其音响质量非常优异。即使在技术上更先进，只要我们无法做出那样的风箱，管风琴的声音表现就无法让人满意。当然，管风琴制造商会吹嘘他们的新式风箱，宣称其质量与老式风箱同等优异。不过，这样的说法是违背事实的。

我花费了许多时间与精力，为保护真正的管风琴而战。不知道多少个夜晚，我都在替人评估或修改管风琴设计图；也不知道多少次来回奔波，就为了能在现场研究管风琴整修或安装的问题。我写过好几百封信，寄给主教、大教堂主事、教会监理会会长、市长、牧师、教会理事、教会长老、管风琴制作者以及管风琴手，只希望能说服他们，那些美丽的老管风琴应该被修复而不是被新的取代；也恳求他们，该关注的是管风琴声音的质量而不是音色的数量；他们打算花在演奏台设备——那上面有太多不必要的音栓变换装置——上的钱应该用于好材料制成的音管上。然而，这许许多多的信，来来往往的旅途奔波，以及林林总总的讨论，最后常常徒劳无功。因为那些握有决定权的人，最终还是会选择那些在说明书上看起来功能配备格外齐全的工厂制管风琴！

保存那些老旧的管风琴，是我遇到的最艰难的挑战。为了救回这些"获判死刑"的珍贵管风琴，我不知费了多少唇舌！有些管风琴手在听到这些"年久失修、很少被珍惜的管风琴是何等珍贵且必须保存"的论调时，又是如何不以为然地失笑——一如年迈的撒拉听到耶和华宣告她即将得到子嗣时的反应！又有多少管风琴手原是我的朋友，如今却与我反目成仇，或因为我成为他们以工厂制管风琴汰旧换新计划的绊脚石，或因为我所要求的声音品质较高，迫使他们不得不把属意的音栓数减掉三四个！

直到今天，我还是只能无能为力地看着人们不断改造或扩建那些老式管风琴——因为以现在的标准来说，它们看起来不够壮观宏伟——直到它们完全失去原有的美感甚至被完全拆除，然后被价格不菲但质量一般的工厂制管风琴所取代！

我拯救的第一架老式管风琴，是斯特拉斯堡圣托马斯教堂里的那架由西尔伯曼制作的管风琴。天晓得我费了多少心力！

"他在非洲援助年老的黑人，在欧洲则是拯救老式管风琴。"有朋友这样描述我。

执迷于建造巨型管风琴，在我眼中是现代社会的一种病态行为。管风琴体积再怎么大，都不该超过教堂中殿所需要的、所能够容纳它的尺寸。如果能被正确安装在位置够高且声音不受妨碍之处，一座真正的好琴只需要 70 个或 80 个音栓，声量就足以响彻最大的教堂中殿。每当被问到世界上最大、最漂亮的管风琴是哪一座时，我总习惯这样回答：根据我听过和在报刊上读过的信息，自称最大的管风琴应该有 127 座，自称最漂亮的则有 137 座。

相较于音色的多寡，管风琴的效果其实更取决于音色配置的方式。一座完美的管风琴，除了脚踏键盘之外，还须具备主风琴[1]、背部风琴[2]与增音箱风琴[3]，且分别有各自对应的键盘。第二部琴必须做成背部风琴，这一点很重要，也就是说，它要像在老式管风琴上那样拥有自己的琴身并置于主琴前方，这样才能在空间和声音上都与主琴琴身上的两部风琴分离。倘若第二部琴也安装在主琴的琴身上，它就会失去自己声音的独立性，只变成主琴的一种扩充形式。

尽管现代管风琴有许多音色和多层键盘，其声音效果还是不够完美，原因就在于缺少背部风琴。其后果就是它只具有两重而非三重的独立性声音。

为何才经过三个世代，管风琴手和管风琴制作者就不再重视背部风

1　译者注：另译大风琴。

2　译者注：另译小风琴。

3　译者注：另译调量风琴、强弱音风琴。

琴在管风琴声音效果上的意义了呢？终有一天，人们会对此表示质疑。更令人不解的是，连卡瓦叶·科尔都被误导了，他不仅取消了第二部风琴的独立性，还将其并入主风琴的琴身中。此外，对于圣叙尔比斯教堂里那座背部风琴宽敞的琴身，他也并未将其用来增加声音的丰富性，反而继续闲置，这真是个错误。

当然，另制一个背部风琴琴身的花销，可能会迫使人放弃多造几个音栓的想法。但是这并不重要，因为一部具有 10 个音色的背部风琴，其声音效果能够胜过具有 16 个音色的主琴琴身。

新式管风琴的制造过程中还存在另一种愚蠢现象，即把更多的风琴做成增音箱风琴。增音箱配有木质百叶窗似的门板，这种构造一方面会妨碍声音传播，另一方面还会破坏增音箱风琴的实际效果。

管风琴的各部分风琴若能在空间和声音上保有它们的特点，就可被看作独立的个体。其中，主风琴的特点在于其声音发自琴身下层且拥有饱满圆润的音色；背部风琴的特点是声音明亮突出、能独立于主风琴琴声；增音箱风琴的特色则在于被安装在主琴身上层，能从至高的远处向整个教堂传送密集且可调节音量的声音。

因此，管风琴是三位一体的，三种分别具有不同个性的声音在其中融为一体。每部风琴的特色发挥得越好，三种声音就越能合而为一，管风琴就越臻完美。

老式管风琴因少了增音箱琴键而不够完整，新式管风琴则因舍弃了背部风琴而不完美。由此可见，只有取长补短、融合新式与老式的优点，才能生产出最完美的管风琴。

基于制造技术与声音的因素，管风琴无法配备三个以上真正具有声音独特性的键盘。因此，配备四五个键盘的管风琴根本没有艺术上的必要性。

　　一如管风琴制作，人们在制作钢琴时也有过度追求大音量的趋势。那种琴槌可以在弦上敲出响亮的声音、体型大得惊人的钢琴，是为了满足某些大型演奏厅的需求。然而，让钢琴发出如此不自然的音量，是以牺牲了原有的钢琴音色之美为代价的。相较于这种音色沉闷、含糊的巨型钢琴，一架美丽的老埃哈尔（Erard）钢琴在音乐室演奏时，听起来是多么截然不同！它在为演唱者伴奏时，声音是多么契合！那温暖的琴音，又是多么完美地与弦乐器融为一体！听新式钢琴伴奏下的贝多芬小提琴奏鸣曲，对我来说简直是一种折磨。整个过程中，我仿佛只看到两条泾渭分明的水路，一银白、一暗黑，相邻奔流而来。

　　我对演奏厅管风琴和对教堂管风琴的关注方式不同。因为，即使是最好的管风琴，在演奏厅里也发挥不出应有的效果。演奏厅里面坐满了听众，会让管风琴的音色失去明亮与饱满感。另外，演奏厅的建筑师总习惯把管风琴随意安置在某个角落，所以这样的琴也发不出什么好音色。管风琴需要一个有挑高石造穹顶的空间，即使群众聚集，空间也不至于被塞满。和在教堂里不同，管风琴在演奏厅里不是一种独奏乐器，而更像是合唱团或管弦乐团的伴奏乐器。我相信，比起现在，未来的作曲家会更常把管风琴加入管弦乐团的编制中。管风琴的加入，会使整个乐音既有管弦乐的明亮悠扬或轻巧柔软，又有管风琴的充沛饱满。从技术层面来说，现代管弦乐团通过加入管风琴，得到了音频较低的管笛音色，进而有了可以与高音声部相对应的低音声部。

在演奏厅里，让管风琴的声音随着管弦乐团一起响起，对我而言总是充满乐趣的。不过，如果必须在那里进行管风琴独奏，我都会避免把它当成一般世俗的演奏乐器，而是会通过选择曲目与演奏的方式，试着把音乐厅想象成教堂。不管演出场地是音乐厅还是教堂，我最喜欢的就是通过合唱团带动的气氛，把音乐会变成某种形式的礼拜——先由管风琴弹奏赞美诗序曲，再由合唱团作为二部演唱赞美诗以做回应。

管风琴的声音稳定、均衡且持续绵长，容易让人产生某种永恒的感觉。即使在世俗空间里，它也未必会变成世俗的乐器。

有几座新式管风琴大体上符合我认为的教堂管风琴的理想状态，这得感谢阿尔萨斯的管风琴制造者黑尔普弗（Fritz Haerpfer）的工艺技能，这是他学习西尔伯曼制作的管风琴的成果。此外，还要感谢几位教堂主事的洞察力，他们被我说服，在有限经费范围选择了最好而不是最大的管风琴。

为管风琴制作而奔忙所带来的差事与情绪，有时会让我颇为感慨，希望自己从未一头栽进这些事里。假如我一直没有放弃，肯定是因为对我来说，为优质管风琴而战就是为真理而战的一种表现。每当星期天，想到那些回荡着高贵琴音的教堂能够在我的奔忙下免于劣质乐音的亵渎，我就深感自己在过去30年里为管风琴付出的所有时间与精力都得到了满满的回报。

九、决心成为丛林医生

那天是 1905 年 10 月 13 日，星期五，我把几封信投进了巴黎大军路的一个邮筒，分别寄给我的父母和几个最亲近的朋友，告知他们，我为了日后前往赤道非洲行医，从冬季学期开始便是医科学生了。其中有一封信是辞呈，因为可以预见接下来的学业会占用许多时间，我决定辞去圣托马斯教堂神学院主管的职位。

　　这个准备着手实现的计划，其实在我心中盘旋已久。开始有这样的想法是在学生时代，当时看着周遭有那么多人天天生活在痛苦烦忧之中，而自己却过着幸福的日子，我感到难以置信且不能接受。记得在中小学时，每当知道班上有同学家境堪怜，再反观我们这些根斯巴赫牧师家庭里环境相对优渥的小孩儿，我心里就有一种说不出的感触。大学时期，在庆幸自己能够继续求学、有余裕从事一些学术与艺术活动的同时，我总是会想到那些因缺乏物质条件或健康条件而无法像我一样幸运的人。

　　时值 1896 年的圣灵降临节，在一个阳光普照的夏日早晨，放假回到根斯巴赫的我从睡梦中醒来，突然有了一个念头：我不能理所当然地接受这样的幸福，必须对此有所回报。我躺在床上沉思，在窗外鸟儿的鸣唱声中反复斟酌这个想法，并在某种程度上跟自己达成了共识——我打算以 30 岁为人生分界线，30 岁之前研究学问与艺术，30 岁之后直接性地为全人类服务，这样的生活才是合理的。耶稣曾说："凡要救自己生命的，必丧掉生命；凡为我和福音丧掉生命的，必救了生命。"我曾三番五次理解这句话的真义，现在终于找到答案了。如果按此计划执行，我不仅会拥有外在的幸福，也会拥有内心的喜乐。

这个计划中的行动会是何种性质，当时我并没有头绪。我决定见机行事，一切视情况而定。唯一确定的是，它必须是一种直接服务于全人类的行动——不管多么微不足道。

我最初所想的，是在欧洲进行的某种活动。我计划收养、教育孤儿或无家可归的孩子，让他们也尽一份义务，未来以同样的方式帮助与他们境遇相同的小孩儿。1903 年，当我以神学院主管的身份搬进圣托马斯学院二楼那间宽敞明亮的公寓时，我终于有条件启动这个计划了。于是，我向各方表达自己的意愿，无奈还是到处碰壁，因为那些负责照顾孤儿和流浪儿的机构不允许以这种方式跟志愿者们合作。例如，当斯特拉斯堡的孤儿院发生大火后，我曾向该院院长表示过愿意收养几个男孩，然而他却连让我说完话的机会都不给。至于其他尝试，也同样徒劳一场。

有段时间，我考虑过将自己的未来奉献给救助流浪汉与刑满释放的犯人。为了做好准备，我参加了圣托马斯教堂恩斯特牧师的一个计划，即每天下午一点到两点这段时间，任何想寻求帮助或留宿的人都可以上门。对于这些人，他不会只是随便给点救济物资或让他们苦候到个人资料调查完毕，而是提议当天下午直接去他们家或寄宿处拜访，查证他们对自身状况的叙述是否属实，以便按照他们需要的程度与时间长短提供帮助。为此，我们骑着脚踏车，不知道在城里和郊区来回奔波过多少次，然而得到的结果却常常是查无此人。不过很多时候，我们确实也有机会根据实际状况帮忙改善求助者的生活，一些挚友的慷慨解囊更是促成了这些善举。

学生时代的我已经是圣托马斯执事会的一员，参与过社会救济活动。圣托马斯执事会是圣托马斯学院的一个学生组织，每星期各位成员都会带着援助物资去拜访几个贫困家庭，并向组织汇报他们的现状。花费的所有资金，都是我们向赞助者筹募而来的。这类募款活动原本在好几代人之前，由斯特拉斯堡的一些拥有资产的古老家族所发起，现在则由我们负责。如果我没记错的话，每年我们都会拜访这些赞助者们两次，向他们募得一定金额的款项。对我这种羞涩又不善交际的人来说，那可真是一种折磨。恳求他人捐献是我将来无法回避的事情，而在这个先行体验中，我想虽然有时自己表现得非常笨拙，但至少学到几点：有技巧且矜持自制的恳请，比直截了当的态度更能获得认同；态度和善地接受他人的婉拒，是有求于人时的正确应对态度。

当然了，因为年轻、缺乏经验，所以即使出发点很好，我们也未必能将所有善款运用到最大限度，然而却让年轻人负起了关照穷人的责任。就此而言，这些善款也算发挥了应有的作用。因此，我常心怀感激地回想起那些愿意理解并慷慨赞助我们行动的人，也希望更多学生能以这种方式接受捐赠者的委托，加入扶贫济困的服务行列中。

救助无家可归者与刑满释放人员的经验，让我明白了一件事——想要有效地帮助他们，必须依靠那些在公益事业上积极奉献的人。但是我也深刻理解到，如果不跟组织合作，单靠个人，不可能有任何成效。我真正想做的是一种绝对个人、完全自主的事。因此，虽然我必要时也可以为组织服务，却没有放弃这样的希望——或许我最终能找到一种独立、自由地奉献自我的行动。这个愿望后来果真实现了，我始终将其视为上天赐予且让我随时都能体验的恩典。

那是 1904 年秋天的一个早晨，我在宿舍的书桌上发现了一本绿色封面的杂志，是巴黎传教协会用来报道活动的那种常见的月刊。有位叫雪德琳的小姐经常给我寄这本刊物，因为她知道我对这个传教协会很有兴趣——小时候我曾听父亲在教会礼拜中朗读过一些信，是此协会最早一批传教士中一位名叫卡萨里斯的人写的，那些信给我留下了深刻的印象。于是，就在我准备开始工作，随手翻开这本前一晚被我放在书桌上的月刊时，看到一篇标题为"是什么让刚果传教工作陷入困境"[1]的文章。其作者是该协会的会长柏格纳（Boegner）先生，阿尔萨斯人。文章内容主要感叹因人力不足，他们在刚果殖民地北部省份加蓬的传教工作无法顺利开展。他还表示，希望这个呼吁能让那些"主的目光已停留你身"的人下决心，尽快投入这项迫切的工作。文章最后一段写道："任何对主的指示直接回复'主啊，我这就来'的人，都是教会需要的人。"

读完这篇文章后，我开始平静地工作，知道自己所追寻的问题已有

1　作者注：《福音传教月刊》（*Journal des Missions Evangéliques*），1904 年 6 月，P$_{389}$—P$_{393}$。

了答案。

几个月之后，我仿佛那个"想盖一座塔且正估算着自己能否做到"的寓言中的男人一样，一面思考未来，一面度过了我的30岁生日。我决定未来要在赤道非洲实现自己纯粹为全人类服务的计划。

除了一个很信任的朋友之外，没有人知道我的计划。因此，当其他亲友收到我从巴黎寄出的信后，我得突然间面对与他们之间的一系列唇枪舌剑。不过，相较于指责我的计划本身，他们似乎更怪罪我没有事先找他们商量，认为这是我不信任他们的表现。在那几个星期里，他们用细枝末节的问题无止境地折磨我。神学界的朋友更是反应激烈，对这件事，我尤其觉得荒唐，因为他们应该全都引用过下面这句话进行过精彩的甚至绝妙的布道——使徒保罗在《加拉太书》中说，他想为耶稣做的事，事先并未与任何血肉之躯商量过。

亲朋好友交相指责我的行动荒谬至极、毫无意义。在他们眼中，我就像个埋没自己天赋，希望靠错误念头得到好处的人。他们认为，我应该把混在"野蛮"之地这件事留给那些不会因此白白浪费学术知识与艺术才华的人。疼爱我如己出的魏多，严厉斥责我就像个想要亲自持枪上火线（当时还没有"战壕"的说法）的将军。一个满怀现代思想的女士也试图向我证明，通过演讲所得到的医疗协助远超过我现在的计划所能得到的，她说歌德在《浮士德》中的"太初有为"这句话已不合时宜，现在流行的是"宣传乃事件之母"。

当时那些让我疲惫不堪但我仍坚持到底的激烈论战中，最让我费解的是某些被公认具有基督精神的人，居然完全没有"渴望为耶稣所传播的爱而奉献，足以让人偏离原有的生命轨道"这样的想法，尽管他们都曾在《新约圣经》上读到过这种信念，而且当时也觉得很有道理。我原本理所当然地认为，比起从我的计划中理解这种精神，他们熟悉的耶稣语录会让他们更容易理解。此外，人有时得在特殊环境中实践耶稣的爱的信条。当我不得不找出这个论点，以说明自己的行为是出于响应这种使命感时，却有好几次被指责为过分自以为是，这让我很是难堪。总而言之，有这么多人自认为有权撕裂我的防备、窥探我的内心，真叫我苦不堪言。

当我敞开心胸让他们直视我的决定源自哪些信念时，这种做法却一点儿用也没有。他们认为，这背后必定隐藏了其他因素，甚至猜测我或许是因为对前途感到失望。这样的猜测毫无根据，因为以我的年纪所得到的肯定，许多人可能得奋斗一生才能享有。还有人猜测，我应该是遭遇了某些伤心事才会做此决定。

相较之下，有些人并没有试图窥视我的内心，而是把我当作脑子不太清楚且作风老派的年轻人，带着善意嘲弄一番。对我来说，这反倒是一种真正的仁慈。

不过扪心自问，那些来自亲友的指责，那些质疑我的计划是否理智的言语，其实完全合情合理。我很清楚，身为一个总要求自己在理想主义中保持清醒的人，在无路之境每踏出一步都是一种冒险，只在特殊情况下才有走向成功的前景。然而，就我的个人情况来说，这种冒险是合理的，因为我对此已思虑良久，并从各方面仔细分析过。我自信、健康、沉稳、精力充沛、做事务实、有韧性、细心谨慎、生活简朴，也拥有实践这个理念的其他必备条件。除此之外，我性情坚毅，承受得起失败。

　　由于我是个独立行动者，许多同样想从事冒险事业的人来征询我的看法，并希望获得建议。不过，我只对其中少数人承担无条件鼓励的责任。我不得不确信：所谓"想做些特别之事"的需求，其实是基于一颗不安定的心。他们希望投身于更大的事业，因为眼前看到的那些事已无法满足自己；很多时候，他们甚至在考虑不成熟时就做出了某个决定。只有在每项工作上都能找到价值，对每件事都充满责任感且全力以赴的人，才能理直气壮地将一种非比寻常的——而非自然而然落到头上的——任务设定为目标。也只有把自己的计划视为理所当然而非超绝不凡，不信奉英雄主义的，认真、热忱、尽责的人，才能成为这个世界不可或缺的精神探险家。没有一心想要创事迹的英雄，只有默默牺牲与吃苦的英雄。这样的英雄有很多，只是他们大多不为人所知，即便有也是少数。这样看来，卡莱尔（Carlyle）所写的《英雄与英雄崇拜》算不上是一部有深度的作品。

　　那些内心不知为何总有股迫切感、且确实有能力独自完成志向的人，绝大多数都迫于环境而不得不放弃理想。他们通常因为有家庭牵绊或为了维持生计，勉强从事一份工作。时至今日，唯有在物质上真正没有牵绊的人——不管是仰赖一己之力还是有忠实朋友的资助——才敢放手追求个人目标。以往却并非如此。过去的人即使放弃原有的经济收入，也总有机会以某种方式继续生活下去。然而，想在当前艰难的经济景况下这么做，可能就得承担在物质与精神上都落空的风险。

于是我只能在一旁目睹并经历这样的现实：德才兼备的人，有时往往因为环境不允许而必须放弃对这个世界可能极具价值的个人行动。

所以，那些有幸实现个人愿望的人，应该以更谦卑的心态接受这种幸运。他们必须时时谨记，许多人同样有意愿、有能力，但碍于现实，无法像他们一样做这件事。基于此，他们尤其应该在谦逊中锻炼坚强的意志，通过不断追寻和等待，直到终于发现那条可以实现自我价值的路。有些人一生中得以实现理想的岁月比追寻和等待的时间还长，这何其幸运！而他们若能真正做到毫无保留地奉献，又将多么幸运！

那些受老天偏爱的人也必须保持谦卑的态度，在遭受阻力时不愤怒，以"这是免不了的事"之心态来面对。决心行善的人，不应该期待有人会帮你清理掉路上的绊脚石。只有具备经历阻碍后逐渐强大的内在力量，才能克服命运的捉弄。一味反抗命运的人，只会不断自我消耗。

在人类怀有的理想和愿望中，总是只有一小部分能真正吸引公众目光，大部分则注定只能在少人问津中实现。不过，这些毫不起眼的事情，其价值却是那些万众瞩目之事的千千万万倍；它们的关系，就如深不见底的海洋与翻滚的海浪。那些无法将奉献作为人生主业而只能当副业的人，就是那股不可见的善行力量的化身。许多人天生的命运就是为养家糊口而做一份不尽如人意的工作，他们就像一部部机器。然而，不管处于何种境地，任何人都有机会采用某种方式以人性尽其所能。组织化、专业化与机械化的工作带来许多问题，即使我们的社会无法见容因此产生的不利情况，但如果竭尽所能维护身为个人的权利，也能解决一部分问题。真正重要的是，当事者不能就这样听天由命，即使处境不利，也应以精神行动坚守自我人格。任何渴望有机会为需求者给予和帮助——不管这种关怀和帮助多么微不足道——的人，其工作与生活之外的"人的生活"就是一种自我救赎。将自己献身于行善事业，以奉献为人生目标之一的人一定不会被命运之神拒绝。有这么多该做的事尚未去做，是因为我们错失了机会。

每个人都有能力根据其自身条件竭力实践真正的人道，这正是决定人类未来的关键。

在每个当下，因我们不积极、不作为，使得数量惊人的有价值之事停留在"空谈"阶段。如果它们能被转化为意志与行动，就是一种不该被我们低估的财富。人性一点都不像某些说出愚蠢空话之人主张的那样物质化。就我对人性的观察与了解，我确信人内心深处的理想和愿望远比表面显现得多。就好像溪流中可见的水要比地下伏流少得多一样，人们显现在外的理想主义也比那些隐藏在心里尚未展现或从未展现过的理想要少得多。人们引颈期盼这样的有为者：展现出尚未展现的理想，引导深处的伏流溢至地表。

对朋友来说，这个计划中最不理智的一点是我并非是以传教士而是以医生的身份前往非洲的，这等于已经30岁的我得先经历一段漫长且艰苦的学习过程。学医意味着要承担巨大的压力与辛苦，这点我从未怀疑过。展望接下来的几年，我也感到焦虑和惶恐。然而，让我决定以医生的身份去走这条奉献之路的原因是如此有分量，以至于否定这个决定的所有考量都变得微不足道。

我想当医生，是希望不靠太多沟通也能有所作为。多年来，我以语言的形式尽我所能地奉献，在神学讲师与牧师的岗位上都工作得很愉快，但是这个新计划在我心目中不再是一种对基督教的传播，而是一种真正的实践。医学知识能让我以最好且最全面的方式实现这个计划，不管这条路最后会把我引向何方。就这个计划来看，获取医学知识显得尤为重要，因为根据传教士们的报道，在我想去的那个地区，人们最迫切需要的服务就是医疗。在传教刊物中，他们不断因无法为身体有病痛的当地人提供必要的帮助而深感惋惜和不满。因此，为了有一天能医治那些可怜的人，我坚信学医是一件值得奋斗的事。每当觉得为此付出的时间过于漫长时，我就提醒自己：哈米尔卡与汉尼拔在准备进军罗马之前，也经历了艰苦且旷日持久的西班牙征战。

还有另外一事，也让我觉得自己有必要成为医生：根据我对巴黎传教协会的了解，我很怀疑自己能否以传教士的身份被他们接纳。

19世纪初，为了在异教世界传播福者真理，基督教的虔信派和正统派成立了一些传教协会，自由派的人也差不多在这时开始意识到将耶稣教义传向远方的必要性，然而在行动上，正统派已经取得了先机，活跃于教会组织之外。比起当时在教会内部居领导地位、影响遍及整个教会的自由派，正统派独立行动的能力要更强。此外，虔信派秉持着"拯救灵魂"的理念，这使他们在进行传教时比自由派有着更强的动机，因为后者的传教理念是让福音在异教世界成为一种使人类和社会环境重生的力量。

当虔信派与正统派的传教团体开始运作，并在认同传教活动的自由派圈子里获得了支持。有很长一段时间，自由派者相信他们可以不用建立自己的传教团，期待着只要所有新教徒都能参与现有的传教团，假以时日，就能以这种方式共同经营传教事业。然而，他们错了。那些传教团虽然接受来自自由派教徒的物资赞助——我父亲与他在阿尔萨斯的同仁不知为这些有着不同信仰、理念与观点的传教团做了多少事——而这些传教团却不会派遣不服从其教规要求的教士参与传教服务。自由派新教徒本着无私的态度，一直没有建立自己的传教团，只能通过支持、赞助其他教派进行传教活动，最后却被冠上了"不认同传教，对传教没有任何作为"的恶名。待自由派新教徒想要建立自己的传教团，却为时已晚，只能放弃以新教教会之名进行传教活动的想法。

人们指责那些传教活动领导者完全自相矛盾的作风，认为他们一方面要求各方能支持、赞助，仿佛传教与福音密切相关，另一方面却只接受与他们有着共同宗教理念的人成为传教士。也就是说，他们会依据"背后那个教派圈"的意见来选派传教士，必须谨慎考虑其观点后才能做决定。

让我觉得很有趣的一点是，那些传教士的思想一般比他们的教团领导更自由。因为经验告诉他们，对于远方的人们，尤其对于当地人而言，我们对基督教应当有的那种更严格的教条约束或更自由的假设是根本不存在的。真正重要的事，是传播"登山宝训"中福音展示的最根本的道理，并引领人们进入耶稣的精神国度。

而父亲之所以对巴黎传教协会特别有好感，是因为觉得该协会比其他组织更具自由气息，尤其是协会里的卡萨里斯与其他几个重要的传教士，他们的报告不会充斥着溢美的、不实的词汇，而多是单纯朴素的基督徒的肺腑之言。

　　然而，正统信仰观念的重要性，其实在巴黎传教协会里与在其他地方并无两样。我在向他们提出服务申请时，便立即完全意识到了这点。和蔼可亲的传教团团长柏格纳先生，虽然对于有人回应他的呼吁并表示愿意参与去刚果传教的任务而深表感动，但也随即向我透露，一定要排除教团委员会成员对我的神学立场所提出的严重疑虑。在我向他保证我只想以医生的身份前往时，他心中的石头才终于落下。但是没过多久他又通知我，委员会中有几个成员反对一个"只有正确的基督之爱理念，却没有正确信仰"的医生去非洲服务。不过我两都认为先不对此问题过度担心，并相信他们还有好几年的时间能找到真正的基督教徒的理性。

　　其实，作风比较自由的瑞士福音布道总会，在我以传教士或医生的身份加入他们时应该会无条件接受。我是因巴黎传教协会刊物上的一篇文章才产生前往赤道非洲的使命感，所以至少得先尝试加入他们。另外，我也很想知道——一个传教团是否真的认为自己有权拒绝一个为其传教区苦难者服务的医生，只因他们认为这个医生的信仰不够正统。

　　不过，我的医学课程开始后，每天的工作与烦忧已经让我焦头烂额，根本没有时间与精力去想往后会发生什么事。

十、习医岁月

（1905—1912）

当我以学生身份向当时医学系的系主任费林（Fehling）教授报到时，他最想做的事其实是让我去看看精神科医生。

1905年10月底的某一天，我穿过浓雾去上第一堂解剖课。

那时，有个规章上的问题亟须解决：身为一名大学教职人员，我不能注册学籍，可是如果只以旁听生的身份学习医学课程，依照规定又不能参加考试。还好，后来在行政部门的善意通融下，我可以凭医学系教授们给我开的上课证明参加考试，而且教授们还决定让身为同仁的我免费听完所有课程。

在实际临床前的五个学期中，教过我的有：解剖学教授许瓦本（Schwalbe）、魏登莱希（Weidenreich）与福克斯（Fuchs），生理学教授霍夫迈斯特（Hofmeister）、艾瓦德（Ewald）与斯毕罗（Spiro），化学教授提勒（Thiele），物理学教授布朗（Braun）与孔恩（Cohn），动物学教授歌特（Goette），以及植物学教授索姆斯伯爵（Graf Solms）与约斯特（Jost）。

从那时开始，我有好几年时间都是在与疲累搏斗中度过的。我无法立刻放弃在神学院教书的工作，以及在教会布道的工作，于是我一面在医学院读书，一面继续在神学院授课，而且几乎每周日都在礼拜上布道。开始上医学课程时，又恰逢神学院授课任务特别繁重的时候，因为当时我正开始讲授有关保罗教义的问题。

那时，管风琴演奏活动也占据了比之前更多的时间，因为巴黎巴赫学会的指挥布雷特（Gustave Bret）——他与杜卡斯、弗瑞、魏多、吉尔曼特、丹地和我于 1905 年共同成立了巴黎巴赫学会——坚持让我在他的每一场音乐会上负责弹奏管风琴。为此，有好几年的时间，我都得在冬天多次往返于巴黎和斯特拉斯堡。虽然只需要参加每场活动的最后一次排练，晚上演奏完也能搭车赶回斯特拉斯堡，但每次往返还是会花掉我至少三天的时间。现在回想起来，有些为圣尼可莱教堂而写的布道讲稿，我还真不知道是怎样在往返巴黎与斯特拉斯堡的火车上拟出来的！此外，我也曾在巴赫音乐会上为巴塞罗那的加泰罗尼亚合唱团（Orféo Català）负责过管风琴伴奏。整体而言，我比以前更频繁地参与音乐演出了，不过这并非因为这段时间我在管风琴演奏上提升了知名度，而是因为在少了那份神学院的薪水后，我得找机会增加收入。

但我很庆幸能利用经常前往巴黎的机会，与这几年来在那里结识的朋友小聚。与我交情最深的，就数感情细腻且极具音乐才华的莱纳赫太太（Fanny Rainach）——知名学者提奥多·莱纳赫（Theodor Rainach）的妻子，以及欧仁妮皇后的朋友波塔利伯爵夫人（Melanie de Pourtalès），也就是与欧仁妮皇后一起出现在温特哈尔特（Winterhalter）名画中的那位女性。波塔利伯爵夫人在斯特拉斯堡附近有片庄园，我在那里经常遇到她的一位朋友——梅特尼希·桑朵（Metternich-Sandor）侯爵夫人，即拿破仑三世时期奥地利驻巴黎使节的夫人。当时瓦格纳的《唐豪瑟》能在巴黎歌剧院上演，正是得益于这位夫人。她在一场舞会上与拿破仑三世聊天时，说服他指示下属把这部作品收录在节目单里。她那看似随性的言行举止之下，潜藏着无比的聪慧与善良。从她那里，我听到了不少瓦格纳拜访巴黎时发生的趣闻及拿破仑身边人的逸事。不过，我是后来在非洲收到她寄给我的信时，才领悟到这位出色的女性拥有何等高贵的灵魂。

我在巴黎时也与赫伦史密得（Adele Herrenschimdt）小姐往来频繁。她是一位老师，也来自阿尔萨斯。

初次与加泰罗尼亚合唱团的指挥米勒先生（Luis Millet）见面时，我就立刻对这位才华横溢且很有思想深度的艺术家产生了好感。也因为他，我才有机会与加泰罗尼亚知名建筑师高第碰面。当时他还在忙于圣家堂大教堂的建造工程。这座教堂风格独树一帜，那时耸立着高塔且气势恢宏的大门才刚建成。就像中世纪的许多建筑大师一样，高第一开始便有这样的认知：这个作品势必要历经几个世代才能完成。有一幕我始终无法忘怀，他在教堂边的工地小屋里，以像是被他的同乡拉蒙·柳利（Raymundus Lullus）[1]附身的口吻向我介绍他那由比例掌控造型线条的建筑原理，阐述它们是如何展现在那些神秘且处处可见的神圣三位一体象征里的。"这一点，不管是用法语、德语或英语都无法表达清楚，"

1　译者注：拉蒙·柳利（1235—1316），加泰罗尼亚作家、逻辑学家与神秘主义神学家。他创作了加泰罗尼亚文学首部重要作品，促进了加泰罗尼亚语的发展。

他说，"所以我得用加泰罗尼亚语来跟你解释。虽然你不懂这种语言，但一定能够领会。"

当我细看到已完工的大门入口处以石头凿刻的"逃往埃及"一幕，并赞叹那头因负重而显得疲惫不堪的驴是多么栩栩如生时，他对我说道："你在艺术方面有些造诣，因为你能察觉到这头驴并不是凭空创造出来的。你在这里所看到的石刻画，没有任何一个形象是随便想象出来的。石刻画上的样子就是他们实际的模样。不管是约瑟、玛丽亚、小耶稣还是寺院里的僧侣，全都是我从遇到的人当中找出的最适合的形象，然后依他们的容貌浇注石膏模，在石头上凿刻而成。至于那头驴，可就真的有点难度了。为'逃往埃及'这个主题找一头驴的消息被传出去后，有人帮我牵来了巴塞罗那最漂亮的一头驴，但是我无法使用它。因为玛丽亚与小耶稣所骑的驴不应该是一头漂亮、强壮的驴，而应该是可怜、衰老且疲惫不堪的驴，但它会有张和善且洞悉世事的面孔，这才是我要找的驴。我在一个卖去污砂的妇人的驼车前终于找到了它，它的头几乎无力地低垂到了地面。我费尽唇舌才说服这妇人带着她的驴来找我。当我把石膏模一块块拆下时，她哭了出来，以为是一头真驴快要活不成了。这便是'逃往埃及'中的那头驴。它之所以会给你那样的感受，是因为它并非凭空创造，而是真实存在的。"

在上医学课程的头几个月里，我抽空写了篇有关管风琴制造的论文，也完成了《耶稣生平研究史》的最后几章。1906年春天，我正式卸任神学院主管一职，这意味着我得搬出圣托马斯教堂区的宿舍——我学生时代的家。这些年来，我在这座四周由墙围绕的花园里跟那些大树有过无数喁喁私语——尤其在我思考工作时——因此实在舍不得与它们道别。

但让人喜出望外的是，我可以住在圣托马斯教士会的大房子里。库尔丘斯（Friedrich Curtius）先生将顶楼的四个小房间提供给我使用，于是我可以继续生活在圣托马斯教堂的荫庇下。那时，在阿尔萨斯全体教士的推举下，曾任科玛郡郡长的库尔丘斯先生被任命为阿尔萨斯路德教会会长，而他宽敞的官邸就位于圣托马斯教士会的这幢大房子里。1906年，在一个下着雨的守斋节，学生们帮我把所有家当从堤岸区住处搬出，再搬进另一个房间里。

我为自己能够像库尔丘斯的家人那样自由出入他家而感到荣幸。库尔丘斯先生的父亲是前文所述的柏林著名古希腊语文学家，也是腓特烈大帝的家庭教师；他的夫人露易莎·冯·埃尔拉赫（Luise von Erlach）女爵，则是冯·巴登女大公家庭教师之女、腓特烈大帝的姊妹。因此，这个家庭是知识贵族与血统贵族的结合，而其精神领袖是上了年纪的冯·埃尔拉赫伯爵夫人——其娘家是纽夏特尔地区的梅伯爵家族。因健康状况不佳，她已经无法再出门。为了能稍微弥补这位热情乐迷不能参加音乐会的遗憾，我几乎每天晚上都会为她弹奏一小时钢琴，渐渐地，我跟平常深居简出的她亲近了起来。这段时间里，这位显要尊贵的夫人对我产生了很大的影响，我能磨掉自己性格中的某些棱角，全要归功于她。

1910年5月3日那天，一位名叫温彻尔斯的飞行员从斯特拉斯堡 – 新村附近的练兵场出发，成为第一个飞越斯特拉斯堡的人。当时我碰巧在老夫人的房间里，正扶着已经行动不便的她走到窗边。当那架飞机在毫无预警的情况下低空飞过屋前又消失在远方时，她以法语惊叹道："我的人生太奇妙了！我曾经与冯·洪堡德讨论过去分词的用法，现在又见证了人类如何征服天空！"

老夫人的两位未婚女儿雅达与葛蕾达，都与母亲同住，且都从母亲那里遗传了绘画天分。在任职神学院主管时，我曾把宽敞的公务宿舍里一间朝北的房间分给雅达当画室——她是画家亨内尔的学生。我也曾应她母亲的要求，坐下来当模特让她作画，希望她能通过重拾画笔疗愈身心。为了缓解药石无医的痛苦，她曾接受过一次大手术。她在我30岁生日那天完成了我的画像。而那时她完全不知道最后一次坐在那里让她作画的我，一整天有着满腹的心事。

老夫人有位在荷兰海外殖民地服务过多年的叔叔，他从未得过热病。他的建议是：在热带地区，也不要在日落后光着头离开屋子。基于此，我必须向她发誓，将来也一定要如此照做。于是因为她，我从未在赤道地区炎热的白昼之后光着头享受过傍晚的微风。不过，遵守誓言是有好报的，我确实从未得过疟疾——尽管在热带的傍晚光着头出门并不是让人得疟疾的原因。

一直到1906年春天，也就是在我完成《耶稣生平研究史》这本书并移交神学院的管理工作后，我才真正有足够的时间投入到新课业上。此时我对自然科学尤其专注，因为我终于有机会全心全意学习自己从中学以来就感兴趣的东西了！也终于能够获取我所需要的知识，以便在哲学世界里也能够脚踏实地。

然而，致力于自然科学所带给我的收获，并不仅限于我所渴望的知识完整性。对我而言，那也是一种增长智识的体验。在所谓的人文社会科学，也就是我至今都在钻研的领域里，本身不存在可自我验证的真理，只能通过假设观点来寻求真理的有效性，而我觉得这会对人造成一种精神危机。在哲学史领域中建立真理的过程，就是在追求真实性与讲究创造想象力之间反复且无止境的角力的过程。当实用论点对上巧妙铺陈的意见时，从来就无法得到明确的胜利。措辞精巧的观点长期威胁着对事实真正的理解，却被视为一种进步！

必须看着这样的戏码反复上演，还不得不想各种办法应付那些已对现实失去感受力的人，真是种让人沮丧的体验。而现在，我突然置身于另一个天地。我忙着与由事实组成的真相打交道，身边的人也都认为，通过事实证明论点是天经地义的事。在我看来，这是在增长自己智识时必要的一种体验。

虽然能够与这些可经确认的事实打交道让我欣喜若狂，但我并不因此就像某些与我有同样处境的人那样看轻人文社会科学。恰恰相反，研读化学、物理学、动物学、植物学与生理学，让我比以前更强烈地意识到在那些可直接确认的事实真理之外，经思考得出的真理是多么有理由且有必要存在。经由具有创造性的心智活动所产生的知识，或许难免会带点主观色彩，但是比起以纯粹事实为基础的知识，前者的层次更高。

由现实存在的个别表征而产生的知识，永远不够完整，也无法令人满意，当面对"我们在宇宙中是怎样的存在？我们存在于其中又有何目的？"这种宏大的问题而得不到最终答案时，这种感觉尤甚。除非在个人生活中体验到支配一切的普通生活究竟是什么样子，否则我们根本无法确定自己在其中的位置。我只能通过自己内在的生命，来理解其他生命的本质。人文社会科学试图获得的是有关普遍存在及其与个人存在之关系的思维性知识，这种知识成果中所包含的事实成分多寡，反映了创新头脑中的现实感知程度，以及如何以与存在有关的知识来思考存在的方式。

1909 年 5 月 14 日，一个雨天，是著名的霍科尼斯城堡整修好后举行落成典礼的日子，也是我参加医学院预科考试的日子。要掌握足以应付考试的必要知识，对我来说完全不是件容易的事。尽管学习兴趣浓厚，但我还是无法克服一个现实困难：三十几岁的人已经不再有二十几岁时的记忆力。更糟糕的是我脑袋里还有个傻念头——自认该一直坚持纯粹学习，而不是为准备考试而读书。一直到最后几个星期，我在同学的说服下加入了一个填鸭式的"苦读社团"，看到他们列出的清单我才知道教授通常会提出哪些问题，以及教授更想听到什么样的回答。

虽然我在考试那几天经历了我记忆中最严重的过劳危机，但考试结果出乎意料地好。

接下来几个学期的临床课程内容比较一致，比临床实践前的学习要轻松很多。这段时期里最重要的人有：内科老师莫里兹、卡恩及麦尔，外科老师马德隆及雷德霍惹，妇产科老师费林与弗容德，精神科老师沃伦柏格、罗森费德与费斯多夫，细菌学老师弗斯特与列维，病理解剖学老师许亚利，药学老师须密德柏格。我对药物学课程特别感兴趣，卡恩负责这门课的实践部分，理论部分则由须密德柏格负责，他在研究毛地黄成分这方面颇负盛名。

校园里，流传着一则关于须密德柏格与跟他颇有交情的解剖学家许瓦本之间有趣的小故事。有一次，许瓦本准备应阿尔萨斯某市成人教育社团之邀进行一场关于人类学的演讲，他料想演讲中免不了会谈到达尔文学说，于是对须密德柏格透露他担心会冒犯到听众。须密德柏格听后说："你尽管放心大胆地把整套达尔文进化论讲完！只要嘴里不要说出'猴子'这两个字，他们就会对达尔文和你感到满意。"许瓦本遵循了他的建议，结局果然如他所料。

在当时的阿尔萨斯，许多地方的居民已经开始出现这样的诉求：希望斯特拉斯堡的高等教育机构能给渴望再学习的民众提供课程。某次，温德尔邦教授在会议室里语带惊喜地对我们宣布，一位劳工代表竟邀请他做一场有关黑格尔的演讲。他接着说，一般民众或许已意识到真正有价值的事物有益身心健康，也注意到了黑格尔的重要性。不过后来他才发现他搞错了，劳工们想听的其实是海克尔（Haeckel），而不是黑格尔（Hegel），前者在于 1899 年出版的《宇宙之谜》一书中阐述了唯物主义的通俗哲学。在阿尔萨斯人的德语方言里，"海（ae）"的发音听起来像"黑（e）"，"克（k）"则像"格（g）"，于是便出现了这样的误会。

多年之后，我有机缘巧合下有了一次为我所敬爱的须密德柏格教授效劳的机会。那是 1919 年的春天，某次经过斯特拉斯堡–新村火车站时，看到一群即将被法国政府驱逐的德国人正要被火车遣送出境，而这位可亲的老人就站在人群当中。就在我问他是否需要我帮忙抢救几样家具时——像其他人一样，他也得放弃全部家当——他把手臂里的用报纸卷着的一捆东西拿给我看，里面是他对毛地黄做的最后的研究成果。当时，他们穿的或带的所有东西都得接受严格检查，所以他怕这么多手稿可能无法携带。于是我接过这捆手稿，再通过安全渠道，将其送到他后来落脚的地方——在巴登－巴登的朋友的住处。不过，这份研究成果出版后没多久，他就过世了。

开始学医时，我还经常为钱的事情烦恼，后来因《巴赫研究》德文版一书的成功及音乐会演出的收入，我的经济情况逐渐有了改善。

1911年10月，我参加了国家医学考试，考试报名费是当年9月时我在慕尼黑举办的法国音乐节上赚来的。魏多演出了他刚为管风琴与管弦乐团创作的《神圣交响曲》，我负责弹奏管风琴。12月3日，我在外科医师马德隆那里通过最后一门考试后，离开医院，走进冬日傍晚早早昏暗的天色中。我完全不敢相信自己居然已熬过习医以来那些艰辛又疲惫的日子，并反复确认自己不是活在梦中。走在我身边的马德隆的声音仿佛来自远方。他一次又一次地说："如果不是你身强体健，这样的事你是绝对完成不了的啊！"

接下来要做的事，就是到医院完成为期一年的实习，并撰写毕业论文。我选择的主题是阐述并分析过去从医学观点探讨过的耶稣可能患有精神疾病的相关文献。

这里的文献主要指鲁斯特（De Loosten）、赫胥（William Hirsch）

和比内·山格莱（Binet-Sanglé）的著作。通过考察先前有关耶稣生平的研究，我已证实了耶稣认同晚期犹太社会的思想，那就是末日即将降临，超越世俗的弥赛亚国度将会出现——而我们觉得这纯属幻想。我的看法立即遭到指责，他们认为我把耶稣塑造成了一个头脑被妄想控制的人，或者一个宗教狂热分子。现在我想从医学角度来判断，耶稣的弥赛亚意识是否与某种精神障碍有关。

鲁斯特、赫胥和比内·山格莱都认为，耶稣有某种偏执性的精神错乱，也发现他身上有病态的自大与被迫害意识。为了深入分析这些实际上没什么价值的论点，我不得不熟悉那个所谓的妄想症问题。就这样，一篇仅有 46 页的论文，我却花了一年多的时间才完成。期间有好几次，我甚至想搁置它另选论文题目。

这个研究最后的结论是：耶稣身上唯一值得从精神病学角度来讨论并且符合历史假说的地方，就是他的自我评价颇高，受洗时或许出现过幻觉，然而这些并不足以证明他患有精神疾病。

对末日降临及弥赛亚国度的期盼，与妄想症完全是两回事，而且是当时犹太民族普遍接受且记载于宗教文献的一种世界观。还有，即使耶稣认为自己就是在弥赛亚国度来临时会现身的救世主，也不代表他带有病态的自大倾向。他可能基于家族传统而相信自己是大卫的后代，自认是先知预言中曾应许过的会成为救世主的大卫子孙，这也合情合理。假如耶稣一边把认定自己就是弥赛亚救世主这件事当成秘密，一边在言谈中隐约透露这个讯息，这么看来确实像病态性自大的人格特征。可是事实并非如此，耶稣的行事作风完全不是这样的。隐瞒身份对耶稣来说是

125

理所当然且符合逻辑的。根据犹太教义，救世主的身份在弥赛亚国度来临时才会显露，也就是说，耶稣不能告知别人他自己就是即将到来的救世主；另一方面，他在许多言谈中都透露过自己会在上帝的授权下向众人宣布天国即将将临，从这方面看也完全可以理解。整体而言，耶稣的言行举止完全不像置身妄想世界中的人。面对发生在自己身上的事以及他人对自己说的话，他的反应完全正常，从不曾与现实脱节。

那些人身为医学专业人士，却不在精神病理学范围内思考，而去质疑耶稣的精神健康，这只说明了一点：他们对这个问题的历史发展不够熟悉。他们在诠释耶稣的精神世界时没有将晚期犹太教的世界观列入考量范围，也没有对有关他的历史与非历史的记载做出区分。他们没有参考最古老的两份资料来源——《马可福音》和《马太福音》，而是仅仅搜集了四部福音书中所有关于耶稣的记载，便坐下来对一个虚构的耶稣进行判读，进而得出不合理的结论。需要特别注意的是，关于耶稣有精神失常症状的主要论点，都是根据《约翰福音》判断而来的。

耶稣确实相信自己就是未来的救世主，是因为在当时的宗教理念下，他那具有强烈道德性的人格使他别无选择，只能以这样的想法来形成自我意识。因此，就耶稣的精神本质来说，他确实是先知们所推崇的道德领袖。

十一、出发去非洲之前

还在写毕业论文的时候，我便开始着手准备非洲之行。1912年春天，我辞去了大学的教职以及在圣尼古拉教堂的神职工作。在此之前，也就是1911年年末到1912年年初的冬季学期，我开的课程主要是讨论宗教性世界观如何分别与宗教的历史研究成果及自然科学事实冲突碰撞。

至于我在圣尼古拉教堂主持的最后一场布道的结束语，则是使徒保罗在《腓立比书》中的祝福语："上帝所赐出人意料的平安，必在基督耶稣里保守你们的心怀意念。"这些年来，我总以这句话当作布道的结束语。

不能再布道，也不能再讲课，对我而言是一种重大的舍弃。一直到我出发前往非洲之前，我都尽可能避免经过圣尼古拉教堂或大学校园，因为目睹这些自己曾经工作过但可能再也不会回来的地方是一件令人难过的事。即使在今天，我还是无法把视线投向校园大楼入口处东边第二间教室的窗户，因为那里是我经常上课的地方。

最后，我终于搬离了圣托马斯堤岸边的住所，带着妻子回到了父亲的牧师在根斯巴赫的住处，与他共度我去非洲前最后几个月的时光。

1912年6月18日，我与海伦娜·布雷斯劳结了婚，她是斯特拉斯堡一位历史学家的女儿。婚前，她曾在誊稿及校稿上为我提供过宝贵协助，现在她更是在我出发前必须完成的写作工作上成为最得力的助手。

1912年春天，我是在巴黎度过的，除了研读热带医学之外，也开始采买非洲之行所需的物资。如果说我开始习医后已经在科学理论上熟悉了这个领域，那么现在该做的则是实践。这对我来说也是崭新的体验，因为一直以来我只从事过脑力劳动。现在我得根据目录订货，成天在外奔波采购，走进各家店里到处找货，核对送货单与账目，打包装箱，列出供海关查验的详细清单，以及许多其他类似的事。为备齐器材、药物、医用纱布及成立一家医院所需要的一切配备，我已经不知道花费了多少时间与精力，而且我还得与妻子一起打点日后在原始森林里生活所需的家用品！一开始我觉得处理这些琐琐碎碎的事有些烦人，不过后来却逐渐发现实际动手去做这类事也值得投入热情。圆满地完成采购流程，能为我带来一种艺术创作般的满足感。只是有件事总让我恼火：许多产品目录，包括药品，在编排上实在杂乱无章且不切实际。

为了筹措必要的资金，我开始在社交圈里四处拜访，寻求赞助。我感受得到，对于一项还只是个意图而尚无任何具体成就的行动，要证明其有资格得到赞助，难度非常高。绝大部分提供捐款、帮我克服这个窘境的朋友与旧识，都坦言他们之所以愿意赞助这样一个冒险计划，只因为发起人是我。当然，也有朋友在清楚我登门的原因不是拜访而是募款之后，语气声调便明显换了样。不过，整体而言，我在寻求赞助的过程中感受到的友爱远多过遭受的冷遇。

斯特拉斯堡大学里的德国教授们对这项将在法属殖民地上进行的工作慷慨地解囊相助，让我深深感动。另外，很重要的一部分资金来自圣尼古拉教堂所在教区成员的捐献，一些阿尔萨斯的教区也对我提供了支持，特别是那些由我以前的同学或学生担任牧师的教区。还有在巴黎巴赫学会的合唱团、腓立比和我的共同努力下，我们举办了一场音乐会，募得了一笔资金。在勒阿弗尔（Le Havre）举办的音乐会与演讲会上，基于之前我曾在此演奏巴赫且小有名气，所以在资金募集上获得了极大的成功。

于是，我的财务难关暂时算是过了。我持有的资金足以应付旅费和维持医院大约运作一年的必要花费。此外，几个生活比较富裕的朋友也向我允诺，倘若用完手头资金，他们会继续为我提供帮助。

许多财务工作与业务工作的完成，都离不开费雪夫人无比珍贵的协助。她是斯特拉斯堡大学一位英年早逝的外科教授的遗孀，我在非洲那段时间，她接手了我在欧洲这边的所有工作。后来她的儿子也成了在热带地区服务的医生。

在我确信能募集到成立一间小医院所需要的资金后，便向巴黎传教协会明确表示，我愿意以医生的身份自费前往他们在奥果韦（Ogowe）河的传教区，并以位居教区中心的兰巴雷内传教站为据点展开服务。

1874 年，一些美国传教士开始在整个奥果韦地区进行福音传教。与其类似，兰巴雷内的传教站也是由美国传教士纳绍医生在 1876 年创建的。不过，在加蓬成为法国属地后，由于那些美国人无法满足法国政府在学校用法语授课的要求，1892年起，巴黎传教协会便取代了美国传教士的地位。

在柏格纳之后，接任巴黎传教协会会长的毕安奎斯，以实际而非空谈的虔信态度及高超的领导能力赢得了许多朋友的支持。为了加蓬地区能免费得到一个他们渴望已久的传教医生，他动用自己所能施展的一切权力，只希望不错过这样的机会。然而，那些严守教义的正统派却表示反对，甚至决意邀请我去委员会当面接受一次信仰审查。我没有接受这个安排。我的理由是：在召唤门徒时，除了希望门徒跟随他的心之外，耶稣什么都没有要求。我也让人传话给委员会：根据耶稣"不抵挡我们的，就是帮助我们的"这句话，即使他们拒绝的是一位愿意为他们传教区生病的黑人提供治疗的伊斯兰教徒，也是一种错误。不久前，有位愿意远行至此为他们服务的传教士也没有被他们接受，只因为他在神学方面的认知不允许他在面对"第四福音是否为使徒约翰所著"这个问题时毫无保留地作肯定回答。

因为不想重蹈覆辙，我婉拒了他们审查信仰的要求。不过我主动提出愿意登门拜访个别委员，让他们通过与我直接对话，厘清我对黑人的灵魂以及传教协会的名声是否真的会造成巨大威胁。这个提议被接受了，不过我也因此花费了好几个下午的时间。少数几位委员对我冷面相待，但其他大部分委员都向我明确表示，他们之所以对我的神学观点有所疑虑，主要是针对一些可能的情况，包括或许我会试图用自己所学的知识去迷惑当地传教士，或想以传教士身份来从事布道活动。当我再三向他们保证我只想以医生身份在当地服务，其他时候会"安静得像条鲤鱼"

之后，他们才终于放下心来。经由这次拜访，我与委员会里的某些成员建立起了真挚的情谊。

于是我自愿效劳这件事就在一个前提下被接受了——必须避免任何可能在信仰上影响传教士和当地教徒的行为。不过，还是有一位委员为此宣布退出了委员会。

接下来还要与殖民署取得联系，希望他们允许只有德国医科文凭的我在加蓬进行医疗活动。在一位颇具影响力的朋友的协助下，这个最后的难题也迎刃而解了。终于，前方的路畅通了！

1913年2月，70个封装好的箱子先被寄送到了波尔多。在我们打包随身行李时，我坚持把两千马克以金币而非纸钞的方式携带，妻子则极力阻拦我这种做法。我告诉她，我们得考虑战争爆发的可能性，相较于不够稳定的纸钞与可能被冻结的银行存款，金币不管在世界任何地方都能保值。

我考虑到了战争的风险，但我确信不管是法国还是德国的人民都不想看到战争爆发，双方国会议员都在寻找机会来增进彼此的认识与对话。多年来，我一直在为增进德法两国间的关系而努力，知道当时人们为维护和平花费了多少心力，并抱有这样的付出定能成功的希望。然而另一方面，我也没有自欺欺人，因为欧洲的命运已不再仅由德法关系来决定。

当时，不管在德国还是法国，政府都尽可能从市面上收回金币，而以纸币取而代之，在我看来，这已经是种不祥的征兆。大约从1911年开始，两国的公务人员领薪时就几乎拿不到金币了。

十二、习医时期的学术工作

在习医的最后两年以及去非洲前在医院实习的时间里，我利用许多个晚上完成了一部有关使徒保罗思想学术研究史的作品，也对《耶稣生平研究史》一书进行了修订和补充，还与魏多共同筹划出版了一套关于巴赫管风琴序曲及赋格的作品，并为每一首曲子提供了演奏说明。

完成《耶稣生平研究史》之后，我便立即着手研究保罗教义。然而我在相关神学文献中找到的诠释都无法令人满意，因为它们把保罗传播的思想阐释得既复杂又矛盾，无法体现其原有的独创性与宽宏性。其实，自从确定耶稣的传道是以预期末日与超自然天国即将降临的思想为基础后，我就对那些诠释方式留有疑问。现在，我想问一个学术界至今还未关注过的问题：保罗的思想世界是否也根植于末世论？

让我很意外的是，对这个问题的研究很快就有了结果，而答案确实是肯定的。其实早在1906年，我就在大学讲堂里以末世论为基础，诠释过保罗的"与基督合而为一，与他同死且同复活"这样不寻常的教义。

在对这个新观点的研究过程中，我特别想要了解学术界对保罗教义做过的所有诠释，以及这个的错综复杂的问题到底是如何逐步演变形而成的。

也就是说，我在研究保罗教义时采用的方法，基本上与研究最后的晚餐及耶稣生平时的方法相同。我无法满足于只是阐述自己的发现，而是每次都给自己增加一项任务：把每个问题形成的历史也写出来。

想来我之所以自讨苦吃，三度采用如此迂回的研究路径，都是亚里士多德的错。我第一次读他的《形而上学》时，就发现他总是在批判过去的哲学研究时发现新的哲学问题。天晓得有多少次我抱怨自己读得太久太仔细！因为我内心某种沉睡的东西被唤醒了。从此，我越来越感受到心中有一种渴望，渴望在理解问题的本质时不仅要探讨问题本身，也要关注这个问题是如何在历史中发展的。我不知道这样给自己找事是否值得，只是非常确定自己无法摒弃亚里士多德式的研究方法，而且我从中得到了学术与艺术上的满足。

对保罗教义的批判研究对我而言具有一种特别的吸引力，因为还从来没有人做过这样的事。还有一点对我也很有帮助：斯特拉斯堡大学图书馆有关使徒保罗的文献藏书，几乎和有关耶稣生平的藏书一样齐全。另外，图书馆馆长修巴赫博士非常热忱，总是能帮我找到所有相关的书籍与期刊文章，这一点也令我感动不已。

原本我以为能将这个文献历史研究论述得简短一点，使其成为一篇诠释保罗教义中隐含的末世思想的引文。但是在研究过程中，我逐渐明白，这篇文章终将扩展成一本完整的书。

有关使徒保罗思想的学术性探讨，始于格劳秀斯（Hugo Grotius）。他于 17 世纪中期创作的《新约圣经注解》中主张了一个本应不言自明的原则：最能正确理解保罗书信的方式，就是依照他原有文字的真正含义去理解。原因是，不管天主教还是新教神学，一直到当时都是依据"因信称义"[1]的教会教条来诠释保罗的。

那些对保罗思想的历史进行过诠释的代表人物，一开始自然没有意识到"与基督合而为一，与他同死且同复活"这句话里藏着大问题。对他们来说，最要紧的事是确定保罗的教义并非教条，而是"合乎理性的"。

我在保罗研究方面的第一个真正成就，是注意到某些书信在思维方式上有明显差异，因此可以确认其中部分内容并非真实可信。1807年，施莱尔马赫（Schleiermacher）对提摩太前书的真实性表示过怀疑。七年之后，艾希洪（Johann Gottfried Eichhorn）则以很具说服力的论述，证实提摩太前后书以及提多书都不可能是保罗所写。此外，费迪南德·克里斯汀·鲍尔（Ferdinand Christian Bauer）在他于1845年发表的作品《耶稣基督的使徒保罗》中指出，只有哥林多前后书、罗马书和加拉太书的真实性不容置疑，其他作品都或多或少有点可疑。

这个判断基本上是正确的，不过后来的研究在认定标准上没那么严格，于是腓立比书、腓立门书以及帖撒罗尼迦前书被认为是真实的。也就是说，那些署名为"保罗"的绝大部分书信确实是他亲笔所写。然而今天，倾向于批判的学术界则认为，帖撒罗尼迦后书、提多后书及提摩

1　译者注：保罗的"因信称义"为路德教甚至整个基督新教信仰的核心思想，"因信"意为凭借信靠，"称义"意为被上帝判为无罪，因此"因信称义"是指一个罪人若要获得拯救，需藉由信靠耶稣而不是个人行为。

太前后书都不是真的。至于以弗所书与歌罗西书，则无法明确判断其真伪，它们的内容在思维上与其他确认为真的书信非常相近，但某些细节和真的书信相比却又显得怪异。

鲍尔发现保罗与那些耶路撒冷的使徒在基督信仰上存在歧见，也因此找到了判断这些书信真伪的标准。他是第一个敢大胆主张加拉太书乃是保罗为反驳耶路撒冷使徒而写的人，也最先意识到他们在基督律法的效力上之所以存在歧见，是因为对耶稣之死的意义解读不同。鲍尔从这个明显的对比中推断出，那些在内容上特别提及耶稣之死的意义的书信才真正出自保罗之手；反之，则是由保罗的学生所写，其目的是想让双方后来的和解提早在保罗的时代显现出来。

从保罗书信真伪出发，鲍尔首次探讨了基督教教条如何形成的问题。他正确地认为，保罗有关无须遵守犹太律法的想法以及对基督之死意义的解读，在历经一两个世代的传承后，成了基督信仰中的共同观点，尽管这些观点跟原本耶路撒冷使徒所主张的教义传统有所抵触。

在意识到保罗教义问题是基督教义起源问题的核心之后，鲍尔对基督教诞生的历史研究才算真正展开。在此之前，由于其课题尚未拟定，所以相关研究也一直没有进展。

罗伊斯（Eduard Reuß）、佛莱德尔（Otto Pfleiderer）、霍斯坦（Karl Holsten）、雷南（Ernest Renan）、霍兹曼（H.J.Holtzmann）、冯·怀兹萨克（Karl von Weizsäcker）、哈纳克（Adolph Harnack），以及那些在 19 世纪下半叶延续鲍尔研究的人，记录了保罗教义实际内容的所有细节。他们一致认为，保罗的思想中除了源自"相信耶稣受死乃为世人赎罪的救赎"教义外，还包含性质全然不同的另一个教义——保罗认为信众能以一种玄妙的方式亲身体验耶稣的死亡与复活，并以此涤清罪恶，成为一种受耶稣精神力量主宰的伦理之存在。这个神秘伦理教义的根本思想的首次阐述，出现在吕德曼（Herrmann Lüdemann）于1872年出版的《使徒保罗之人类学》中。

基于以上分析，解答有关保罗的问题，便意味着要厘清下列问题：保罗为何认为犹太律法不再适用于基督徒？为何除了相信"耶稣为世人赎罪而死而得到救赎"之教义外（这点与其他使徒一样），还主张"与基督合而为一"和"与基督同死且同复活"这样充满神秘性的教义？这两者又如何在他的思想中合而为一？

19世纪末到20世纪初的研究认为，下列假设能解释保罗为何会有这种超越原始基督教思想的观点：保罗来自深受希腊语言与文化影响的小亚细亚地区，因此他的思想其实是希腊文化与犹太文化的一种结合。因此他反抗犹太律法，同时认为，通过耶稣之死而得到救赎的意义，不仅需要从犹太文化中赎罪牺牲的观念来理解，也需要在认为神秘力量能够参与死亡的希腊文化中寻求。

这样的解答方式似乎是最自然而然也最唾手可得的，因为犹太文化中几乎不存在神秘主义的思考方式，但它在希腊文化中却很普遍，这是不争的事实。

"保罗充满神秘色彩的救赎教义是希腊式的"这个假设，随后在许多有关希腊-东方神秘祭礼仪式的新研究资料佐证下变得更强而有力。

这些新的参考资料，是乌塞纳（Hermann Usener）、罗德（E.Rohde）、丘蒙（François Cumont）、黑普丁（Hugo Hepding）、莱兹史坦（Richard Reitzenstein）及其他学者在世纪交替之际，从过去很少有人研究的晚期希腊文学及最近发现的铭文中搜集而来的。这些资料很清楚地显示了圣礼仪式在希腊-东方文明衰颓之初的宗教中扮演着什么角色。因此，"保罗的神秘主义是希腊宗教思想影响下的产物"这个假设，似乎是对保罗思想的最佳解释，即洗礼和圣餐礼确实使信徒们参与了耶稣的死亡与复活——一直到 19 世纪末之前，人们都不敢大胆承认保罗所想的确实是圣礼，只是大致把它们看作一种象征。由于圣礼在犹太教中正如神秘主义那样陌生罕见，因此仅仅依据保罗对洗礼和圣餐礼的观点，人们就相信保罗必定与希腊宗教思想有所关联。

尽管这个假设从一开始就如此令人信服，但奇怪的是，事实却证明它无法真正解释保罗"与基督合而为一"的教义。只要探究其细节，我们就会发现，保罗的观点与希腊-东方的神秘宗教完全不同，它们在本质上并无关联，只是有种奇怪的相似性。不过，由于那些研究者已经认定，若想阐明这个议题，除了他们所选择的这个途径之外别无他法，所以便坚定不移地说服自己，那些实质差异——倘若他们不得不这样承认——应该归因于：保罗只是不自觉地借用了希腊思想的题材，然后以完全个人的方式发展出自己的想法。

即使处境困窘，他们却还是连一次都不敢承认这一事实：有消息显示，那些他们引以为证的希腊-东方神秘宗教信仰，是在公元 2、3 世纪时古希腊的宗教信仰与来自东方的信仰彼此融合，并经历某种形式的文艺复兴后而形成的。由此看来，之前学界赋予的古希腊-东方宗教信仰的意义，在公元 1 世纪的保罗时代根本不存在。

最早源自波斯的密特拉教根本不在保罗的考虑范围，因为公元 2 世纪时密特拉教才开始在希腊世界具有重要地位。

有趣的是，哈纳克自始至终都拒绝承认希腊文化对保罗造成了很深的影响。

假如保罗神秘的救赎教义与对圣礼的观点无法以希腊思想为前提而解释清楚，仅存的办法就是试试那个看似不可能的路径——把它们放进晚期犹太教，也就是末世论的思想脉络中来理解。采取这个路径的研究，有卡比希（Richard Kabisch）于 1893 年出版的作品《保罗的末世观与保罗主义整体观念的关系》，以及雷德于 1904 年发表、可惜内容非常粗略的独立研究之作《保罗》。遗憾的是，他们都没能为保罗的思想世界提供完整的说明，也无法揭示他逻辑上的最后一个谜底：保罗为何主张"与基督合而为一"和"与基督同死且同复活"既是精神上的，也是自然、真实的体验？不过可以确定的是，他们以一种颇令人信服的方式提出证明，相较于过去的其他观点，在末世论观点下，某些乍看之下绝不会让人作过多联想的保罗思想不仅显得简明、真实得多，也更能证明它们彼此关联、同属一个理念完全一致的思想系统。

然而，这个异于一般路径的研究方法并没有受到当代学术界的重视。因为认定保罗思想兼具希腊思想与犹太思想的假设，不管对神学家还是对研究晚期希腊文化的哲学家而言，都是轻而易举的事，但他们没有考虑到，主张署有保罗姓名的书信里的根本思想与希腊－东方的宗教信仰观具有本质上的相关性（尽管这些信仰观已被证实是公元二三世纪时才出现的），会让使徒保罗陷入何等危险境地！因为如此一来，一个无法回避的问题将会出现：这些书信究竟出自公元一世纪五六十年代，还是源自更晚的年代，只是被文学杜撰手法冠上了原始基督教祭司保罗之名？

19世纪后半叶起，鲍尔以及所谓的荷兰激进派成员——如罗曼（A.D. Loman）、史泰克（Rudolph Steck）、范麦南（W.C. van Manen）等——就是下列主张的代表：为探究保罗署名的那些书信为何具有希腊思想，与其假设有位祭司在耶稣去世后立即将原始基督教信仰转化为希腊式信仰，不如说这些书信确实源自希腊。他们以"反对犹太律法之论战并非是由祭司保罗引起的"作为主要论点，认为提出"无须遵从律法"这一要求是希腊人开始在基督教社群中占有优势后自然发生的，因为他们抗拒带有犹太教观点的基督教。因此，这场有关律法的论战并不是发生在公元1世纪中叶保罗与耶路撒冷使徒之间，而是发生在两三个世代之后分别承继两方理念的团体之间。而那些自由派信徒为了正当化他们的胜利，便在特别为此所写的书信中冠以保罗之名。这个有关保罗书信起源的诡辩式假说，当然无法以历史方法来验证，然而却清楚地指出了一点：一旦假设保罗思想具有希腊要素，那么相关研究便将困境重重。

回顾保罗思想世界的学术研究史，让我在1911年时便确认了一件事：当时被普遍看好的做法——把保罗的并非犹太式的救赎神秘教义归因于希腊式想象——是行不通的。唯一可行的，就是从末世论中寻求解释。

当上述这个引言式的初步研究结果出版成书时，我以末世论观点阐述保罗思想的研究也到了只需几个星期就能完稿付梓的阶段，然而那时因必须立即准备国家医学考试，我实在分身乏术。这之后，撰写医学博士论文以及重新修订《耶稣生平研究史》的工作让我忙得不可开交，因此不得不放弃在去非洲前发表有关保罗之著作（第二部分）的计划。

1912 年秋天，忙于为非洲之行采买物品与打包行李的我，还同时进行着《耶稣生平研究史》的修订工作，一方面补充这个领域里新作品的相关探讨，另一方面改写部分不甚满意的章节。基于之前一直在探讨晚期犹太教的末世论，我尤其想趁这次修订机会能更彻底、更全面地加以阐述；此外，我也想对罗伯森（John M. Robertson）、史密斯（William Benjamin Smith）、弗雷泽（James George Frazer）、德鲁斯（Arthur Drews）及其他质疑耶稣之历史存在的作品予以探讨。只可惜后来的《耶稣生平研究史》英文版仍旧是以德文版首版的内容为依据而出版的。

若想证明耶稣从未存在过并不困难，而且证明后其结果恰好相反。

公元 1 世纪时的犹太文献资料里并没有关于耶稣存在的明确记载，而同时期的希腊与拉丁文献也根本无以为证。至于犹太作家约瑟弗斯（Josephus）的作品《古代志》中有两处顺带提及了耶稣，但其中一处毫无疑问是信仰基督的抄写者添加的。证明耶稣存在的第一个非教徒是塔西佗（Tacitus）。罗马皇帝图拉真统治时期，即公元 2 世纪 10 年代，他在其《编年史》（15：44）中记载："基督"教派——尼禄指控其教徒为罗马大火之罪魁祸首——创始人在提比略主政时被犹太总督彼拉多处死。由此可见，因为基督教徒的持续运动，在耶稣去世后约80年，罗马历史里才正式记录他的存在。不过，任何不满意这种说法，甚至认为福音书与使徒书都缺乏真实性的人，还是会坚定地否认耶稣曾经存在过。

然而，并不是对耶稣的存在加以否定，问题就解决了。因为这意味着现在我们要解释：在耶稣和保罗都不存在的情况下，基督教是在何时何地以及如何形成的？后来人们又为什么要把它的起源归因于虚构的历史人物？把这两个人物奇怪地设定为犹太人的原因又是什么？如果解释不出伪造福音书与使徒书的原因，又怎能说它们是伪造的？

不过，那些拥护"耶稣并非真实历史人物"论的人，对这些落在他们头上的难题并没有多作解释，只是保持他们在研究上普遍令人费解的轻率态度。虽然在细节上差异颇大，但几乎所有人都采取这样的处理方式：企图证明早在前基督时代的巴勒斯坦或东方某地存在着一种诺斯底主义式的基督或耶稣信仰，就像崇拜阿多尼斯、奥西里斯和塔木兹这些神话人物一样，其信仰也与死而复生的神或半神有关。然而，因为根本没有任何文献记载过前基督时代的基督信仰之存在，他们就只能通过拼凑与想象来让其变得可信。这意味着，即使当时根本没有其他神秘宗教有意将这类神话打造成真实历史，他们也会以更多的想象力来说明这个"前基督时代的基督信仰"的追随者为何要在某个特定的时间点让自己崇拜的死而复生之神变成历史人物，违反信众皆知的事实，假装他是从这个时间点才开始真正存在的。至此，要自圆其说其实已经很难，然而这些"耶稣并非真实历史人物"论的拥护者还得进一步解释福音书与使徒书里的基督信仰为何不是源自一个早已不可考据的历史时代，而是把他们虚构出来的耶稣设定为两三个世代之前的人，还给他贯以犹太人的身份。

最后也最困难的一项任务，是如何一一解释从神话变成了历史的福音内容。要让自己的理论前后不矛盾，罗伯森、史密斯和德鲁斯就必须认同《马太福音》与《马可福音》所记载的事件与言论都只是早期神秘宗教思想包装下的产物。为了证明这种说法，德鲁斯和其他人不仅想尽办法找出了所有神话，甚至连天文学和占星术都用上了，可见他们是如何绞尽脑汁地发挥想象力。

这些质疑耶稣真实存在的作品向我们表明，证明耶稣存在比证明他不存在要容易千百倍。然而，这并不代表这一毫无希望成功的行动会就此被放弃。

主张耶稣并不存在的书一再出版，而且不乏相信此论调的读者，尽管它们并没有带来任何能超越罗伯森、史密斯、德鲁斯和其他该领域研究者的新观点，只是不断重复前人之语，并借此获得自我满足。

假如他们真想发掘历史真相，大可尝试从这里切入：一个源自犹太教的信仰能在希腊世界里被快速接纳——基督教初期流传的历史如此描述——这一点确实让人费解。据此，基督教是源自希腊文化（而非犹太文化）的假设，倒是值得关注。可惜这个假设也禁不起考验，因为两部最古老的福音书所记载的耶稣，根本不具备任何神话人物的特质。此外，耶稣末世论也显示出一种后世无法以虚构人物赋予的独特性。晚期犹太末世论原本极为普遍，然而在提多摧毁耶路撒冷之后，后世已不再能虚构出这种独特性的理念。此外，耶稣对末日将近且自己将现身为人子弥赛亚的预言都没有成真。这个所谓的信仰基督的神秘宗教为什么要赋予他们所虚构的耶稣这种显然未能实现的信念？这样做对他们又有什么好处？通过末世论思想，可知耶稣是如此完全紧密契合于两本最古老的福音书的时代背景，使人只能相信他确实是曾经出现在那个时代的人物。质疑耶稣曾经存在的那些人，总是刻意忽略耶稣思想和行为中的末世论背景。

我前往非洲前之所以再度将重心转到巴赫研究上，其实是因为魏多。纽约出版商薛摩尔先生请他完成一套附有弹奏技巧与说明的巴赫管风琴作品集，魏多答应了，但前提条件是他得与我共同完成。我先写出内容概要，然后和他协力修改以尽完善，我们以这种方式共同创作。基于这个原因，在1911年和1912年，我有时候会在一两天之内往返于根斯巴赫与巴黎。为了不受打扰地一起全心投入工作，魏多也曾两度来到根斯巴赫，在我这里待了好几天。

尽管我们两人都排斥这种想为弹奏者制定明确规则的所谓的"实用版指南"，但还是相信为巴赫的管风琴作品提供演奏建议是合理的。除了极少数情况，巴赫并不像后来的管风琴作曲家那样，会在他的管风琴作品里对音栓和琴键的变换特别注以说明。在那个时代，管风琴手也不需要做这样的事，因为基于当时的管风琴类型与普遍的弹奏习惯，他们能自然地把巴赫的曲子弹奏得合乎巴赫原意。

巴赫去世后，他那些从未发表过的管风琴作品也在很长一段时间里几乎被完全遗忘了。自 19 世纪中叶起，相关作品以彼得斯版本开始闻名，但那时人们对音乐的品位已今非昔比。他们或许还知道 18 世纪的弹奏传统，但并不接受以这种风格来弹奏巴赫的管风琴作品，他们觉得那样太过简单朴素，并相信如果能以持续变换音量与音色来演奏乐曲——一如现代管风琴所能做到的那样——才能充分展现巴赫作品的精神。大约到 19 世纪末期时，这种充满效果的现代演奏方式便取得了绝对性的优势，没有人还会采用传统风格来演奏——假如还有人知道它的话。

法国是个例外。魏多、吉尔曼等人都还恪守着德国的旧传统，那是他们从布雷斯劳的管风琴名家阿道夫·弗里德里希·赫塞（Adolph Friedrich Hesse，1809—1863）那里传承而来的传统。一直到 19 世纪中叶，法国都没有管风琴艺术可言，因为在大革命期间被摧毁的管风琴后来大部分都只得到应急式的修复。现在，卡瓦叶·科尔等人又开始制造好琴，管风琴手们也因德国的彼得斯版本而了解了过去在法国无人知晓的巴赫管风琴作品，却发现自己对如此精湛、完美且在法国从未有过的管风琴艺术——这是魏多经常跟我说的话——不知从何处着手。仅仅关于踏板技巧的要求，对他们来说都是全新的知识。因此，他们不得不去国外学习必要的技巧，甚至要到比利时知名管风琴家雷门斯（Lemmens）——赫塞的学生——门下学习。卡瓦叶·科尔还对部分无力负担费用者提供了资助。赫塞弹奏巴赫作品的风格与方式，传承自他的老师基尔特（Kittel）。

1844 年，在圣尤斯塔什教堂新管风琴的落成典礼上，巴黎人通过赫塞的演奏现场第一次听到了巴赫的管风琴作品。在那之后，他越来越频繁地被邀请到法国，在各地管风琴落成仪式上进行演奏。1854年，他在伦敦世界博览会上的演出，对于提升巴赫艺术在英国的知名度功不可没。

法国的管风琴手之所以保有这种因赫塞与雷门斯而广为人知的德国旧传统，其实不仅是基于艺术品位，也是出于现实需求。卡瓦叶·科尔制作的管风琴并不是现代管风琴，不像德国管风琴那样配有许多可以在音量和音色上做出丰富变化的装置。因此，法国的管风琴手被迫以传统、古典的方式来弹奏。然而他们并不觉得自己吃了亏，因为管风琴美丽的音色优雅绝伦，演奏巴赫的赋格时即使不需要现代管风琴的音栓，也可以全然达到用巴赫时代的琴来弹奏一般动人的效果。

于是因为一场历史的悖论，巴黎的管风琴大师把德国传统的基本法则流传了下去，当人们开始研究18世纪音乐理论作品时，这些传统法则的细节才为人所知。 任何渴望用18世纪的管风琴来弹奏巴赫音乐的人，一定会通过管风琴的硬件技术与音色来证实老式管风琴才能真正重现巴赫音乐。

对于那份交付给我们的出版计划，魏多与我都认为，我们的任务是向那些只熟悉现代管风琴且并不熟悉巴赫音乐风格的琴手说明，他们巴赫针对这些曲目是如何考量音栓配置和琴键变换的，然后他们可以据此斟酌如何在保有巴赫风格的情况下灵活运用现代管风琴音量与音色变换的可能性。为了合乎体例，魏多和我都觉得不应该把我们的说明与建议放进乐谱中，而应该把关于个别曲目的注解写成短文，作为引言放在乐谱之前。这样一来，弹奏者既可以了解我们的建议，又可以在翻开想弹的曲目时不受引言干扰，与巴赫独处。因此，我们甚至没有在乐谱里附上任何指法与分句标记。

巴赫指法不同于现代指法。在他早期的指法中，每根手指都可以跨过其他手指去按键，因此他很少用到大拇指。

当时的踏板较短，巴赫在弹奏时无法用脚跟踏踩，只能完全依靠脚尖。此外，踏板较短导致他很难将一只脚跨过另一只脚去踩，只能用脚尖在不同踏板间滑移。因此，比起巴赫时代，现在我们则能以双脚交叉或脚尖与脚跟的交替踩踏的方式成功完成一个圆滑奏。

我年少时曾在许多村子的老管风琴上见过巴赫时代那种短小的踏板。即使在今天，荷兰还有很多管风琴的踏板如此短小，以致弹奏时脚跟完全派不上用场。

有关演奏者在乐句分句处理上该注意的要点，魏多与我都将其放在了引言里。几乎所有乐曲版本的乐谱里都充斥着各种指法、分句、强弱与渐强渐弱等标记，有时甚至会附上某位编者的踏板处理分析。我对此深感困扰，且对这些指示根本不以为然。因此，我有一个始终坚持并希望有一天能被普遍认可的原则：摆在演奏者眼前的乐谱，不论是出自巴赫、莫扎特还是贝多芬之手，均应是作曲家本人写成的版本。

用现代管风琴无法弹奏出符合巴赫原意的乐曲，这件事让我们不得不在现代音乐品味与现代管风琴上有所妥协。就算倾尽全力用巴赫时代的管风琴来表达强音与极强音，听起来也总是柔和的，所以即使整首曲子都以极强音来演奏，也不会让听者感到疲劳或期望有所改变；跟巴赫管弦乐一样，即使以持续的强音来演奏，听众也不会感觉有任何问题。然而现代管风琴则不同，它所发出的极强音通常过于响亮刺耳，听众只需片刻就消受不了；此外，听众在轰鸣的声响中不可能捕捉到旋律的声线，然而这一点对于心领神会巴赫作品极为必要。所以用现代管风琴演奏巴赫作品时，对于巴赫希望以连续强音或极强音来表现的较长段落，一定要调整音色与音量的变化，使听众能够接受。

即使巴赫时代的管风琴达不到更多变的音量与音色技巧，但有利于表现作品结构且不会带来不好的效果，也没有什么好反对的。巴赫必须要在三四个相互交替且音色相异的声部里演奏赋格，而现在我们却有六个或八个声部可供使用。但是有个无论如何都必须保留的最高原则：演奏巴赫管风琴作品要表现出清晰的旋律线，通过音色追求效果反倒是其次。因此，管风琴手必须始终谨记在心：唯有让那些相伴行进的声线清清楚楚地传入聆听者耳中，他们才能感受到真正的巴赫音乐。因此，魏多和我一再强调，弹奏者首先必须清楚地了解符合乐曲主题和动机的分句方式，然后再将细节进行逐步处理。

还有一点也必须再三提醒：18 世纪时的管风琴并不能让人随心所欲地快速弹奏。由于琴键很重，必须用力按压，所以当时能把中板速度弹好就已经是件了不起的事了。巴赫就是在这种情况下将他的序曲与赋格设定为中等速度，从而顺利弹奏出那些曲子的，而我们也需要让它们保有这种速度，因为这既符合巴赫原意，听起来又相当合理。

赫塞最广为人知的成就，就是他延续了巴赫的传统，以一种特别和缓的速度再现巴赫的管风琴乐曲。假如能通过完美的分句处理突显巴赫音乐美妙生动的活力，即使弹奏速度没超过中板，听者也不会觉得过慢。

由于管风琴无法通过加强重音来凸显个别音，所以必须在没有重音的辅助下划分出乐句。因此，要将巴赫作品弹出生动的立体感，就得通过完美的分句让听众产生有重音的错觉。可惜人们未必在每次弹奏管风琴时——尤其是巴赫作品——意识到这一点其实是首要条件，以致我们欣赏有关巴赫管风琴作品的演出时很难感到满意。如果要克服大教堂嘈杂声的干扰，一场演奏必须有相当清晰完美的立体感才能让人听得满意！

因此，对那些只熟悉现代管风琴的琴手来说，魏多与我所提倡的最适合巴赫作品的演奏风格，与他们习惯的现代风格大相径庭，会让他们耳目一新。我们唯一能做的就是不断指出，用声音特性非常不适合的现代管风琴有多难以最适合地体现巴赫风格。我们期待弹奏巴赫作品时对管风琴的要求，能比过去所有的有关管风琴制作的论文更有效地提高人们对真正音色优美的管风琴的理解，而结果确实也没让我们失望。

在我去非洲之前，我们只完成了巴赫作品集的前五册，其中包括奏鸣曲、协奏曲、前奏曲与赋格。至于圣咏前奏曲那三册，则打算先由我在非洲写好草稿，然后等第一次休假回欧洲时，再由我与魏多一起完成。

在出版社的要求下，这部作品以三种语言版本得以发行。法文版与德文版（以及以德文版为底本的英文版）的内容会有差异，这是魏多和我在某些细节上意见相左后，商量达成的共识。我们决定，法文版以魏多针对法国管风琴特点所提出的观点为主，德文版与英文版则由我来主导，其中关于现代管风琴的内容居多。

但不久后爆发的第一次世界大战，及其导致的至今难解的个别国家间出版合作关系的混乱，使这部在纽约出版的作品几乎只能在英语系国家流通，尽管这套书原本也是为他们出版的。仅仅是以美元为基础标出的高昂售价，就已经让它在战后的德法两国几乎等同非卖品了。

十三、首次非洲行

（1913—1917）

1913 年耶稣受难日那天下午，我与妻子离开了根斯巴赫，然后于 3 月 26 日傍晚从波尔多登上开往非洲的船。

我们在当地传教士的热心接待中抵达兰巴雷内。可惜因为找不到需要的工人，那栋日后将作为我行医场所的铁皮屋还没有盖好。当时，奥果韦地区的非洲红檀木生意兴隆，稍微有点能力的当地人几乎都可以找到比在传教站工作收入更好的活儿。于是我不得不先用住所旁的一间旧鸡舍来充当看诊室，直到深秋时节，我才终于搬进河边那栋以树叶为顶的铁皮屋工作。铁皮屋长八米宽四米，里面还隔出了一间小小的看诊室，一间同样小的手术室，以及一间更小的药房。后来在铁皮屋周围，我们又陆续盖了一排大竹屋作为收治本地人的病房。至于白人病患，则被安置在传教士的宿舍和医生的小屋里。

从最初那几天，也就是在我还没把运来的器材和药品箱打开前，我就已经被病人们团团围住。在兰巴雷内设置医院，现在从各方面来看这个选择是正确的，那是我根据地理位置和传教士莫瑞尔先生（也是阿尔萨斯人）的描述所做的决定。方圆两三百公里内的病人都可以乘独木舟沿奥果韦河及其支流——不论是顺流还是逆流——到达这里。

我所医治的疾病主要有疟疾、麻风病、嗜睡症、痢疾、肉芽肿以及蚀疮性溃疡，让我惊讶的还有肺炎与心脏病，此外，泌尿疾病患者也不在少数。需要动用外科手术的人则以疝气和象皮病肿瘤患者最为常见。相较于白种人，赤道非洲的当地人更容易罹患疝气。倘若附近没有医生能及时提供手术救援的话，每年会有许多人因此病而受尽折磨，甚至死去。我第一次做外科手术遇到的患者便是这种病例。

不过几星期的时间就足以让我确认一点：当地居民的身体健康状况远比我预想得糟。我是多么庆幸当时自己不顾众人的反对，实现到此行医的计划！

在我向兰巴雷内传教站的奠基者纳绍博士传达这里再度有医生驻诊的消息后，这位身处美国的长者表示出无比的欣慰。

不过一开始因为无法立刻找到合适的本地人来做翻译与医疗助手，我在工作中遇到了严重阻碍。第一位比较适合的人是曾当过厨师的阿左瓦尼，虽然我支付的工资比不上他先前的工作，但他还是愿意留下来帮我。他在如何与当地人打交道这方面给我提供了很多相当宝贵的建议，然而他认为最重要的一点，我却完全不能苟同——他居然劝我不要医治那些看起来已病入膏肓、无法医治的人，还不断地在我面前说部落巫师为了不损害他们的声誉，通常不会为这样的人看病。

关于这个问题，我得承认某种程度上他是对的。面对当地人，如果病人已经不可能康复，你就绝对不能给病人与其家属一丝希望。因为如果医生事先没有妥善告知病危，病人却去世了，他们会认定医生不知道病情会如此严重，疾病没有被正确诊断出来。因此，面对这里的病患时，你得毫无保留、如实相告。他们想听实话，也承受得了实话。对他们来说，死亡是一件平常的事，他们会平静面对，完全不会恐惧。假如重病的人又重现生机，医生必会声名远扬，甚至被视为能起死回生的神医。

受过护理训练的妻子，在医院给了我莫大的帮助。她帮忙看顾重症患者，掌管洗衣与包扎纱布的工作，负责配药、包药，维护医疗器具，完成手术所需的一切准备，并在阿左瓦尼协助我手术时接管了麻醉工作。她能够在每天操持繁忙的家务之外，为医院的工作腾出好几个小时，着实成就巨大。

要让当地人接受手术，其实不需要多少说服技巧。几年前，有一位旅途中刚好经过兰巴雷内的政府医官吉柏特先生曾在这里做过几次成功的手术。拜他所赐，即使是我这样手术技能一般的医生都能赢得当地人的信任；而且幸运的是，我在最初的几次手术中都没失过手。

几个月之后，医院每天大约得收治四十个病人。然而需要留宿的人不仅是病患，还有那些用独木舟把病患送来并等着再接回家的亲友，我也得为他们提供住处。

我的工作虽然繁重，但是让我更有负担的是随之而来的忧虑与责任。可惜我并不具备医生这个职业该有的坚强性格，总是特别担心那些重症病人和刚动过手术的患者，令我饱受煎熬。我努力通过自我修养让性情冷静泰然，希望即使能感受到病患所有的痛苦，仍能保持必要的平衡，而不至过度心力交瘁，无奈种种尝试都徒劳无果。

只要在可能的范围内，我会要求当地病患以行动来表达他们对自己获得帮助的谢意。我总是不断地提醒，他们之所以能够享有这样的医疗福利，都是因为一些欧洲人的奉献，所以他们也必须做一些力所能及的事，使这样的福利维持下去。久而久之，默契便逐渐达成了——他们从我这里得到免费的药品后，会送来钱、香蕉、鸡或鸡蛋。当然，医院的收入与支出远不成正比，但这些回报对医院的开销还是不无小补。在食物告罄时，可以将送来的香蕉分给病人吃；当香蕉也不够分配时，就用钱去买米。再者，我认为，比起什么都能免费得到，如果能根据自己的能力有所付出和贡献的话，他们会更珍惜医院的价值。我认为，"要求回报"这一具有教化意义的想法，人经历得越多就会对此越发坚定。不过，对于老人与穷人——在这里，老即意味着穷——我们自然不收取任何报酬。

这里最原始的那群原住民，对于馈赠的意义倒有着不同的理解。当他们康复后要离开医院时，会反过来向我索要赠礼，因为他们觉得我已变成他们的朋友了。

在与这些原住民相处的过程中，我会问自己一个经常被讨论的议题：他们只是陷入了传统束缚，还是拥有独立思想的能力？在我与他们的对话中，我意外地发现，他们对生命的意义和善恶之本质这类根本性问题的关注程度远超我的想象。

此外，正如我所料，那些在巴黎传教协会委员心中占有重要地位的教条问题，在这里的传教士布道过程中完全无关紧要。因为如果想让当地住民听懂布道的内容，就只能向他们传播如何通过耶稣精神让自己从现实世界中超脱这种简单的福音，就像耶稣在登山宝训或保罗在他最精彩的演说中向我们传递的讯息那样。

这些传教士先把基督教当成一种道德性宗教来传播；在一年两次、于不同地点举行的传教会议上，他们讨论的重点多半是如何在教区落实具体的基督教信仰问题，而不是教条问题。每个人对信仰要求不同，有人严格一些，有人则宽松一些，然而宽严与否对于协力传教工作方面根本没那么重要。因为我完全没有试图以自己的神学观点来干扰他们，所以这些传教士很快对我放下了质疑与成见，对我们能在服从耶稣之虔信与奉行基督朴实精神的意志中团结合作表示欢迎，对我而言当然也是同样。在我刚抵达这里几个月之后，他们便开始邀请我参与布道工作，于是我在巴黎时被要求承诺的保持缄默的戒律也算正式解除了。

在欧洲传教士与当地黑人教士共同参与的基督教代表大会上，我以访客的身份应邀出席。不过有次我应他们征询，针对某个问题发表意见时，一位黑人教士表示，我是医生，不是神学家，不该逾权发言。

此外，我也获准参与受洗资格的评估。我习惯让他们从候选人中指派一两个年纪较长的妇女给我，让她们能尽量轻松地度过那难捱的半小时测试时间。记得在测试中，我曾经对一个看起来性格颇强悍的已婚妇人提问："耶稣是贫困的，还是富有的？"她答道："怎么问我这么愚蠢的问题啊！如果上帝这个最大的头头就是耶稣的爹，耶稣怎么可能会贫穷？"她在回答其他问题时也同样充满了迦南妇人的机智。不过尽管我作为神学教授给她打了个高分，却还是帮不了她，因为她所属教区的那位本地教士对她相当刁难，以作为对她没有固定参加教会为愿意受洗者提供的课程的惩罚。测试过程中她那精彩的答复没能让她得到宽宥，因为教士想听的是教义手册中的标准答案。于是那位妇人没有通过评估，得于六个月之后重新接受一次受洗测试。

布道活动总能为我带来莫大的喜悦。把耶稣与保罗的话阐述给那些对此感到新奇的人，是种无与伦比的经验。传教站学校里的本地教师是我的翻译，可以把我的每句话都立刻翻成加罗亚语或帕胡因语，有时甚至能同时翻译成这两种语言。

在兰巴雷内的第一年，我利用有限的闲暇时间完成了巴赫管风琴作品集美国版的最后三册。此外，巴黎巴赫学会为答谢我多年来担任学会的管风琴手，送了我一架钢琴，让我得以温故知新，提升琴艺。这部音色优美的钢琴有着管风琴式的踏板，是特地为热带地区的使用者制造的。不过一开始，我缺乏练习的勇气。一方面，我已经习惯性地认为在非洲工作就意味着艺术生涯将走到尽头；另一方面，又认为倘若就此荒废下去，我的手脚将变得不再灵活，便很容易放弃。然而有天傍晚，当我有点愁闷地弹完一首巴赫赋格时，心里突然闪过一个念头——说不定我正该利用在这里的空余时间，好好精进自己的琴艺，让演奏效果更趋完美。心意既定，我便立即拟出计划，准备一一研究巴赫、门德尔松、魏多、弗朗克（César Frank）和雷格（Max Reger）的作品，不放过任何细节，并练习到烂熟于心。不管练好一首曲子需要花费几个星期或几个月的时间，都无所谓。少了准备音乐会时那种迫在眉睫的时间压力，此时我是多么享受在悠闲与宁静中练琴的时光！即使一天中我也只能为此抽出半小时时间。

我和妻子就这样在非洲度过了两个旱季，并计划在第三个旱季来临时回一趟家。然而1914年8月5日那天，传来了欧洲爆发战争的讯息。当天晚上就接到告知，我们将被视为战俘，在没有进一步安排前可以继续留在自己的住处，但不得与其他白种人和当地住民有任何往来，要绝对服从派来看守我们的黑人士兵的指示。除了我们以外，还有一对同样来自阿尔萨斯的传教士夫妇也被拘留在兰巴雷内传教士驻地。

起初当地住民对于战争的感受，只是木材生意中断了，所有东西都大幅涨价。直到后来，许多人被送到喀麦隆去当军中的挑夫时，他们才真正意识到战争是怎么回事。

在得知昔日住在奥果韦地区的白人中已有10人战亡后，一位当地长者说："这场战争居然造成这么大的伤亡！这些部落里的人为什么不坐下来一起谈谈？还有，他们怎么赔偿得起所有死者家属？"原来在非洲当地部落间的战争里，所有战殁者都可以从对方那里得到赔偿，不管是战胜方或战败方。这位老者继续激动地说，欧洲人杀人是出于残暴，他们根本没有吃死人的习俗，并不是情非得已啊。

对当地居民来说，白人拘押白人，再派黑人士兵监管，是件匪夷所思的事。看守我们的黑人士兵被住在附近的村民严厉咒骂，因为他们自称"医生的主人"。

当医院的工作被中断后，我最初的念头是趁此机会完成有关保罗的作品。不过很快，我却不得不正视另一个议题，那就是人类文明的问题。多年来这个问题一直盘踞在我心中，现在更因战争爆发而变得紧迫。于是在被监禁的第二天，尚未从惊愕中回过神来的我，就已经像习医前的那段日子一样，一早坐在书桌前，开始着手探讨文明的哲学。

让我致力于这个议题的原因，得回溯至 1899 年夏天我在柏林库尔丘斯家做客那天。当天晚上，格林（Herman Grimm）与其他人刚开完一个学术会议，还在聊着有关这个会议的话题时，突然间有个人——我不记得是谁了——大声说道："我就说吧！我们真的全都只会模仿而已！"那一瞬间，我感到如遭雷击，因为这句话完全道出了我的心声。

打从进大学后那一两年开始，我就对所谓的"人类正稳定进步和发展"这样的说法感到怀疑。因为我感觉到人们追求理想的火苗正越来越微弱，关于理想的议题无人问津，更无人忧虑。不知道多少次，政府或民间公开传播非人道理念时，我们不是严正摒弃，而是安然接受、认可。此外，对公平与正义的追求，在我看来也完全消失了。基于这许许多多的迹象，我不得不下此结论：这个因工作成就而自豪的时代，有种奇特的心智与灵魂疲乏症。我仿佛听见他们在说服自己，说之前对人类的未来设定了过高的期望，现在得专注于追求可实现的目标。"现实政策"是如今各行各业里都听得到的口号，这意味着我们应赞同短视与急功近利，并妥协于那些之前被视为阻碍进步的权势与潮流。对我而言，社会衰败最明显的征象之一，就是过去被扫除的迷信在知识圈里又被谈论起来。

19 世纪末，当人们回望或环顾所有领域，评估和认同已获得的成就时，总带着一种让我觉得不可思议的乐观。不管在哪里，似乎所有人都认为我们不仅在发明和知识上颇有进展，连精神和道德伦理都达到了一种前所未有且日后会持续下去的高度。然而，我的感受却截然不同：我们在精神生活上不仅没有超越过去，甚至还在加倍损耗前人的成就，同时那些精神资产正开始从我们手中大量流失。

现在，突然有个人说出了我对这个时代无言且尚未真正明确其特点的心声！从库尔丘斯教授家的那个晚上开始，我在忙于其他工作的同时，内心总酝酿着一个新作品，题名为"我们这些模仿者"。有时候我会在朋友面前透露这些想法，但他们通常只把它看作一种有趣的诡辩或世纪末的悲观宣言，于是我也就绝口不提，只在布道时才会阐述我对人类当前文明与精神生活的忧虑。

而现在肆虐着的战火，就是文明衰败的结果。

其实，"我们这些模仿者"此刻也不具有任何意义了。在我原本的构想中，这部作品是一种批判，希望能证明文明堕落衰败的原因，并唤醒人类的危机意识。但此时灾难已经降临，为什么还要检视那些已昭然若揭的成因？

不过我还是想写这部不合时宜的作品，或许只是为自己而写。天晓得身为"俘虏"的我，手稿会不会被没收，未来有没有机会重返欧洲！就在这种全然超脱豁达的心态中，我开始动笔了，即使后来获准外出行动并再度为病人服务时也没有中断过。

11月底，我们的监禁被解除了——就我后来所知，是魏多奔走相助的结果。不过在我被解禁之前，禁止我与病人接触这道命令就已经无法执行了，因为当地的白人或和黑人都为方圆数百里内唯一的医师居然就这样不明就里地被拘禁起来而怨声四起。管区的司令官很快发现了此事的迫切性，于是不得不三天两头指示守卫，让那些需要救治的病人能顺利与我见面。

当我又能自由地从事医疗活动后，仍然挤出时间继续撰写这本有关人类文明的书稿。不知道多少个夜晚，我坐在桌前思索着、书写着，情绪难平地想着那些躺在前线战壕里的人！

1915 年初夏，我大梦初醒般地意识到：为何只对文明进行批判？为何只满足于分析身为"模仿者"的我们？为什么不做点有建设性的事？

于是我开始寻求知识和理念，回到追求文明之意志和实践文明之能力上。"我们这些模仿者"将扩展为一部与文明重建有关的作品。

我在书写过程中逐渐了解了文明与世界观的关系，认识到文明的崩塌乃源于灾难性的世界观。

文明的理想性之所以变得疲弱无力，是因为我们逐渐丧失了它所根植的理想世界观。所有发生在国家、人民乃至全人类身上的事，追根究底都可回溯到我们世界观中既存的精神性因素。

但，什么是文明？

个体和社会力求道德伦理上的尽善尽美，被视为文明的要素，但精神或物质上的进步也具有文明的意义。因此，追求文明的意志，就是一种认为伦理道德是最高价值且追求进步的普遍意志。尽管知识与技能方面的成就为文明带来了巨大的意义，但有一点却是显而易见的——只有以伦理道德为奋斗目标的人，才能全然享有物质进步的福祉，并掌控与其相随的危害。

然而，我们这个世代的人，不仅逐渐相信进步在某种程度上是自然而然产生的，还认为我们不再需要追求伦理道德的典范，只靠技能和知识就能继续前行。这个可怕的错误认知，让世界陷入了目前的处境。

　　从这团混乱中脱身的唯一途径，就是重归正轨，回到由真正文明的理想所主导的文明世界观中。

　　然而，究竟哪种世界观能够使普遍性与伦理道德性的进步意志互为基础且彼此结合？

　　它存在于一种具有伦理基础且肯定世界与生命的信念之中。

　　而所谓的"肯定世界与生命的信念"又是什么？

　　对欧洲人和世界各地的欧洲后裔而言，追求进步的意志是如此理所当然且不言自明，以至于我们竟不用去说明它其实根植于世界观，源自一种精神活动。然而，只要环顾一下世界就会立刻察觉，这个对我们来说想当然的看法，其实完全不是顺理成章的。

　　例如，在印度思想中，所有知识与技能上的成就，以及改善人类生存条件及社会环境的努力，都是愚不可及的；人唯一有意义的行为，就是完全沉潜在自我之中，只专注于内在冥想。至于社会和人类如何发展，都不该去关心、插手。在印度思想中，这种追求"内化"的意义在于人类放弃生存之意念，并通过"无为"与一切否定人生的形式，将自己在世间的存在缩减至某种期望"不再存在"的"空"的状态。

　　这种如此违反自然、否定世界与生命的观念，却有着有趣的历史典故。它原本不涉及任何一种世界观，只是一种来自古印度祭司的奇幻想象。他们相信，若能超脱于世界与生命，就可以在某种程度上让自己成为超自然的存在，获得超越神的力量。

在这种观念下，一种观念逐渐形成了：当婆罗门像正常人般度过一段人生、建立过家庭之后，便会完全舍弃尘世而居。久而久之，这种原是婆罗门专属的否定世界和生命的观念，形成了一种为持有这种价值的人所认同的世界观。

因此，一个人是否存在追求进步的意志，取决于他持有怎样的世界观。拥有否定世界和生命之世界观的人，会拒斥进步；而肯定世界和生命的人，则会对进步有所求。在原始或半原始民族尚未成形的世界观中，还谈不上有否定或肯定世界的问题，所以也不存在追求进步的意志。他们的理想，是过最简单也最不辛苦的生活。

欧洲人的世界观也是在经历过漫长时间的演变后，才发展出这种追求进步的意志的。这种理念在古代与中世纪时尚在萌芽阶段。古希腊人曾经试图在思想上建立一套肯定世界和生命的世界观，然而并没有成功，最后终结于听天由命的消极思想。中世纪时人们的世界观则是由结合了古希腊形而上学的原始基督教思想所主导，其基本特征也是否定世界和生命，因为当时基督教所关注的完全是形而上的东西。当时对形成"肯定世界和生命"观点有所作用的，是耶稣在传道时所主张的积极性伦理，以及那些活力充沛的、刚基督教化不久的新民族之创造力——基督教灌输给他们的是一种违反他们天性的世界观。

肯定世界和生命的观点后来逐渐获得突破，是因为对那些在民族大迁徙中来到此处的新民族而言，这种观点是一种本能的存在。文艺复兴时期，人们正式宣告脱离了中世纪对世界和生命的否定论。取而代之的这种具有伦理特性的肯定观点，源于从耶稣的基督教义那里接收了爱的伦理，这使它有办法脱离否定的世界观，并进而与肯定的世界观产生联结，然后以这样的观点达成在真实世界中实现精神伦理世界的理想。

所以，新时代欧洲人对物质和精神之进步的追求，其实要归因于他们所达成的那个世界观。在文艺复兴运动及后来与之有关的精神思潮和宗教运动中，人与自己以及与这个世界之间产生了一种新的关系，通过自身行动来创造精神价值和物质价值的需求，在人们心里被唤醒了，而这种价值有助于个体和人类全体追求更高程度的发展。现代欧洲人并不只是因为期待个人利益，而如此热衷于追求进步；比起自身的处境，他们更在意能否带给后代带来更多福祉，于是全心全意追求进步。对他们而言，这个世界显然是由能有效发挥功能的力量所创造并维系的，因深受其影响，他们自己也想成为这样的一股力量。他们怀抱信心，期盼人类迎接在未来更美好的新时代；他们也体验到，众人主张和认可崇高理想，就有能力掌控和改造外部环境。

这个与伦理道德进步意志相结合的物质进步意志，为近代文明奠定了基础。

与近代欧洲肯定世界和生命的世界观有本质关联的，是查拉图斯特拉与中国思想家（如孔子、孟子、墨子及其他伟大的中国道德思想家）的世界观。他们也都想努力改造其民族与人民所处的环境。

不过，在近代欧洲思想中，悲剧却在发生。原本存在于肯定世界和生命的价值观及道德伦理间的联结，在一种缓慢但无法阻挡的过程中逐渐松弛，最后甚至完全分离了。于是，引领欧洲人前行的追求进步的意志，从此变得肤浅、物质化并迷失了方向。

肯定世界和生命的理念，本身只能带来一种不完整且有缺陷的文明。只有将这种理念内化且伦理化之后所产生的进步意志，才能具备判断价值高低的必要洞察力。欧洲人所追求的文明才能不只讲究知识与技能上的成就，而是更重视个体和人类全体在精神与伦理上的提升。

不过，这种肯定世界和生命的世界观为何会失去原有的伦理性？这究竟是怎么发生的？

唯一合理的解释是：这种伦理性并非真正根植于人类思想。形成这种伦理性的思想虽是崇高且充满热忱的，但却不够深刻。伦理与这种肯定世界和生命的理念间的关联，我们通常感受过和经历过，而较少去证实过。我们在思想上熟悉这种对世界与生命的肯定观，也熟悉道德伦理，但并没有真正深入探究其本身，以及它们之间的内在关系。

由于这个崇高且颇具价值的世界观，是根植在一种坚定的信念，而非对有关事物本质的思考之中，因此必然会随时间的流逝变得薄弱，最终失去影响人心的力量。后来关于伦理道德以及人与世界关系的所有思考，都是为了让这种世界观的弱点尽早显露出来，从而崩解。尽管这些思考的本意是要支撑这个世界观，但效果仍适得其反。还没有人成功地以理由充分的立论来取代那些理由薄弱者的立论。事实显然在不断证明，这些思考所采用的新论述支撑不了正在颓坏的世界观。

对于文明和世界观的相关性，我的看法或许显得抽象，但绝对实事求是。它让我认识到，近代传统世界观——也就是伦理性的肯定世界和生命的观念——在所难免地失效了，其后果便是文明的衰败。不过我也同时明白了一点：正如其他人一样，即使过去不曾想过要如何从思想上证明它，但基于内心的需求，我还是坚守着这种世界观。

这就是我在 1915 年那个夏天曾有过的思索。但是接下来呢？

那些至今被证明无解的问题，现在得出结论了吗？对于这个让近代文明成为可能的世界观，我们是否该从此把它视为一种永不平息但也永不受掌控的幻想？把它继续当成某种值得信服的理念传播给我们这个世代，在我看来是既没有意义，也没有希望的。只有经过思考的世界观，才能变成自己的精神资产。

我还是愿意相信，在这一至今仍未得到贯彻的文明世界观中，我们所主张的伦理及肯定世界和生命之理念间的联结，是一种对事实的感知。因此，把那些过去只是我们"料想的""认为的"或只是打着"已证实"之名号的事实视为是待定的，并以坦诚、不虚矫的方式重新思考、理解，还是值得一试的。

尝试做这件事，让我觉得自己就像一个不敢乘破朽老船冒险出海的人。我必须造一艘更好的船，却又不知从何下手。

在长达好几个月的时间里，我一直在不安中度日。即使没有任何成果，我还是全神贯注地思索着伦理与肯定世界和生命之理念的本质，琢磨这两者之间的共同点，连医院每天的必要工作都无法阻碍我思考。我像是在用尽所有力气去推一扇推不开的铁门；又仿佛迷失在一座丛林里，找不到出路。

我从哲学里所了解的关于伦理的一切，全都派不上用场。哲学所建构出来的"善"的观点是如此狭隘且空洞，根本无法与肯定世界和生命的观点产生关联。整体而言，它几乎从未关注过文明与世界观的关系这一议题。近代这种肯定世界和生命的观点是如此理所当然，以至于没有人认识到在哲学领域好好探究它的必要性。

因此，我在意外之余不得不断定，有关文明和世界观的哲学核心领域根本无人踏足。我试着从不同角度切入这个核心，却只能一次又一次放弃。我已精疲力尽，近乎绝望。有时好像看到那个切入点就在眼前，但却摸不到它，也无法表达出来。

即便在这种状态下，我还要在河上长途旅行一次。那是 1915 年 9 月，我来到洛佩斯角，陪伴因健康问题只能待在海滨静养的妻子时，应邀前往上游约两百公里处的恩勾摩，给一位传教士的妻子佩罗特太太看病。去往那里的唯一方法是搭一艘正要出发、后面还拖着一艘超载驳船的小蒸汽船。船上除了我之外全是黑人，其中还有我在兰巴雷内时的朋友欧古玛。因为出发时较为匆忙，我没能准备足够的口粮，他们便把食物分享给我。

时值旱季，我们的船徐徐逆流而上，艰难地行驶于沙洲之间。我心不在焉地坐在驳船的甲板上，苦思着那最基本、最普遍但在哲学领域里却遍寻不着的伦理概念。我一页又一页地写下不连贯的句子，只希望自己能继续专注思考这个问题。第三天的日落时分，正当我们的船穿过一群河马时，"敬畏生命"这几个字突然毫无预兆地浮现在我眼前。这感觉正如那道沉重的铁门被推开，丛林里的小径也清晰了起来。我终于找到了一个可以让伦理与肯定世界和生命之理念相互涵盖的概念！也终于醒悟，这种伦理性的肯定世界和生命的观念与其中的理想，是共同根植于文明思想之中的。

那，什么是"敬畏生命"？这一概念又是如何在我们心中形成的？

若想认清自我以及自我与这个世界的关系，人就必须不断放弃运用自己的思想与知识，去思考自己意识中最先、最直接也最常出现的事情。唯有从这些既存事实出发，才能获得一种具有思考性的世界观。

笛卡尔将"我思故我在"作为他思想的起点，然而这个起点却使他无可救药地陷入了抽象的轨道里。通过这种内容空洞且仅是虚构的思考来探索人与自我、宇宙世界的关系，是得不到任何结果的。我们意识中最直接的存在，其实是具有内容的；而所谓的思考，也必有其思考对象。人的意识中最直接存在的事实是——"我是一个想要活下去的生命体，并存在于其他同样想活下去的生命体之中"。不管任何时刻，人只要对自身和周遭的世界加以思索，都会意识到自我的存在。

在我的生存意志中，有继续活着的渴望，有对提升生存意志的神秘力量（所谓"乐趣"）的向往，也有对毁灭和削弱生存意志的神秘力量（所谓"痛苦"）的惧怕。同样地，在我周遭所有人的生存意志中，也存在着这样的渴望、向往与惧怕——不管他们是否对我透露这些。

现在必须决定要以何种方式来展现自己活下去的意志。他可以选择否定生命，但这意味着他对生命的态度会从肯定转为放弃，一如印度思想或其他悲观主义思想，使自己陷入一种自相矛盾的状态。因为在他的世界观与人生观中，他所主张的是某种违反自然的理念，本身就不真实且无法实现。印度思想与叔本华思想一样充满了矛盾，虽然否定世界和生命，但仍然不断向生存意志让步、继续"活着"，尽管不承认这是让步。只有当他们对生存意志的否定确实终结了肉体的存在时，才能彻底去除其矛盾。

如果选择肯定生命，人就会以一种合乎自然且坦诚的方式来为人处世，而这只是他自己有意识地重复确认了一件自己在潜意识里已完成的事。一开始（这个思考的起点会不断重复），人通常不会把自己的存在直接看作某种既定的事实，而会将其视为某种深奥玄妙的体验。对生命的肯定是一种精神态度，它让人不再得过且过，也让人开始对生命怀有敬畏，希望能使生命产生真正的价值。肯定生命的乐观态度，可使生存意志得到深化、内化与提升。

开始认真思考生命的人，会感受到一种精神上的驱使，认为自己应以敬畏生命的态度去面对所有具有生存意志的人。他在自己的生命中体验着他人的生命。对他而言，"善"是维护生命、促进生命，让具有潜力的生命发挥其最高价值；"恶"则是损害生命、毁灭生命，压迫具有潜力的生命。这是道德伦理中最需要考虑的、绝对的、根本的原则。

所有有关伦理学的论述者犯下的最大错误，就是认为伦理学只需探讨人与人之间的关系。然而，伦理也牵涉到人以何种态度面对世界和他周遭的所有生命。当认定植物和动物这些生命也跟人的生命同样神圣，并愿意帮助处于困境的生命时，人的行为才是符合伦理的；也只有这种超越种族界限、将道德责任扩及一切生命的普遍性伦理，才能够在人类思想中深植下去。人类彼此如何相待的伦理并不是单独存在的，只是普遍性伦理中的一个特殊产物。

因此，"敬畏生命"的伦理涵盖了所有能称之为爱、奉献、同甘共苦与齐心协力之类的价值。

然而，现在这个世界正上演着一场生存意志自我分裂的惨剧：以牺牲他人的存在成全自己的存在，用一个存在摧毁另一个存在。只有开始思考生命的人，才会在自己的生存意志之外意识到他人生存意志的存在，愿意与其休戚与共，携手进退。但是人却无法完全这么做，因为面对令人费解且残酷的法则时，人有时会不得不以牺牲他人的生命为代价才能活下去，并且在摧毁与伤害他人生命的过程中，罪孽也会越来越重。幸而身为道德动物，人会竭尽所能地奋力挣脱这种制约；自觉且慈悲的人会在自己力所能及的范围内遏止这种生存意志自我分裂的悲剧。人渴望能展现人道主义精神，协助他人从痛苦中解脱。

思考生命者心中"敬畏生命"的概念，包含了伦理学与肯定世界和生命的理念，这二者是紧密相关的。"敬畏生命"的目的是创造价值，真正实现个体与人类全体在物质、精神及伦理等方面的进步。当代缺乏思想性的肯定世界和生命的理念，有知识、技能与权力之间跛踉而行；而开始思考生命的人则将追求精神与伦理上的完善作为最高理想，因为只有这样做，才能让其他方面的进步发挥真正的价值。

通过剖析伦理，我们得以深入思考肯定世界和生命的理念，进而分辨在文明发展中什么重要、什么不重要。于是我们不再被那种愚昧狂妄的文明所掌控，并敢于正视这个事实——知识与技能的进步对真正的文明发展不仅没有助益，反而使其更加困难。精神与物质进步过程中的关系，是我们现在必须面对的问题。所有人都要与自己身处的环境对抗，也必须关注如何扭转这场几乎毫无希望，且让许多人陷入不利处境的战局，使文明再度辉煌。

从思考深化的伦理性进步意志出发，我们可以脱离非文明的炼狱，回到真正文明的正轨。早晚有一天，我们会迎来最终的、真正的文艺复兴，进而为世界带来和平。

至此，有关文明哲学的整个论述计划已经有了很清楚的架构，自然而然地形成了四部分：一、当代文明之匮乏及其缘由；二、基于欧洲哲学过去试图为伦理性的肯定世界和生命这一理念立论的成果，深入探讨"敬畏生命"的理念；三、阐述"敬畏生命"的世界观；四、探讨文明之邦。

关于第二部分，也就是描述欧洲哲学在处理"伦理性的肯定世界和生命"这个议题上的悲剧性奋斗过程，是出于我内心需求而展开的——我习惯先在历史脉络中了解自己正在探讨的问题，并把自己得出的答案视为前人经验的总结。我并不后悔再次这么做，因为深入探讨他人思想时，也让我厘清了自己的想法。

这个历史回顾工作所需的文献，我身边就有一部分；至于不足的部分，则由住在苏黎世的动物学教授史拖尔（J.Strohl）夫妇帮我寄来。此外，以诠释巴赫作品而闻名的苏黎世演唱家考夫曼（Robert Kaufmann，我曾为其伴奏过几次管风琴），也通过日内瓦国际公民组织，让我与外面的世界尽量保持联系。

我在先不考虑既定章节结构的情况下搜集并整理资料，并好整以暇地逐步拟定纲要，也开始动笔写了几个段落。现在的每一天对我而言都是恩赐。当其他人不得不在战场杀戮时，我不仅可以救死扶伤，还能为和平的到来尽点心力。

　　值得庆幸的是，医院所需的药品、绷带与纱布等物资都没有短缺。因为在战争爆发前的最后一次船运中，我们得到了一大批医疗必需品的补给。

　　因兰巴雷内过于闷热的天气对妻子的身体非常不利，于是我们在1916年至1917年间的雨季居住在海边。一个做木材买卖的生意人提供了一栋房子让我们居住，就位于洛佩斯角附近的奇恩加，那里有一条支流汇入奥果韦河。这栋房子原本是给看守木筏的人住的，但因战争的缘故，目前暂时闲置。为了表示感谢，当那些非洲工人劳动时，我就会跟他们一起把绑在木筏里的非洲红檀木推到河岸上，避免木材在前往欧洲的船运重启前——或许是很漫长的一段时间——变成虫害的牺牲品。我们经常得花几小时的时间才能把一根大约重达三吨的原木推上岸，而这繁重的工作必须在涨潮那段时间内完成。退潮时，只要没有病人需要我，我就会坐下来埋首撰写我的《文明的哲学》。

十四、加瑞松与圣雷米

在俘虏营里的生活

1917 年 9 月，我在兰巴雷内重新开展工作没多久，就接到一纸命令，要求我们必须立刻搭下一班船返回欧洲，然后住进战俘营。幸运的是，那班船晚到了几天。在传教士与几个当地人的协助下，我们才有时间把个人物品以及药品、医疗器材等都装进箱子，然后把这些箱子全部存在一间小铁皮屋里。

我根本不敢把《文明的哲学》手稿带上路，随便碰上一次搜查，它就可能会被没收。因此，我把手稿托付给一位当时在兰巴雷内工作的名叫福特的美国传教士。不过他向我坦承，他其实更想把这个沉重的包裹直接丢进河里，因为在他的心目中，哲学根本百无一用且有害人心。不过基于基督徒之爱，他承诺会好好替我保管的，当战争结束后会将它交还给我。为了心血不至于全部泡汤，我还是用两个晚上的时间写了一份法文摘要，包括整部作品的主要内容，以及已完成章节的顺序安排。为了使其在审查员眼中看起来不违规且与现实无关，我另拟了一些标题，让它看起来像一部有关文艺复兴的历史研究手稿。这种做法确实数度使其成功逃过被没收的命运。

出发前两天，我还在一堆已装好或打包中的箱子之间快速为一个疝气病人做了手术。

当我们被带上停泊在河边的汽船时，岸上很多当地人对我们喊着真挚道别的话。天主教传教团的神父长以威严的手势支开想阻止他走向我们的黑人士兵，登上船与我们握手告别。他说："我还没来得及为两位在这里所做的一切善事表达谢意呢。在此之前，真希望你们不要离开这块土地。"然而后来我们就再也没有见过面了。战后没多久，他所乘的"非洲号"（也就是载着我们回欧洲的那艘船）沉没于比斯开湾。

在洛佩斯角时，有个我曾帮其妻子看过病的白人悄悄走过来对我说，如果我缺钱的话，他那里有一些。我不知道有多庆幸自己身上还留有当初因担心战争爆发而带来的金币！而且就在出发前一小时，我才在一个英国木材商人朋友那里，以很有利的汇率换到了一些法国纸币，妻子和我将这些钱缝进衣服里，穿在身上。

在船上，我们被移交给一位低阶的白人军官看管，除了一名指定的乘务员之外，不得与任何人交谈，只能在固定时间到甲板上透气、散步。因为无法写作，我就趁机熟记巴赫赋格和魏多第六号管风琴交响曲，以此来消磨时间。

船上一位大概名叫盖拉德的乘务员对我们非常好。记得就在航程快结束时，他突然问我们知不知道为什么他对身为"俘虏"的我们特别友善。他说："你们吃的东西，我总是用干净的餐盘端来；你们的舱房，我也都打扫过。"（以战时非洲船只对干净程度的要求来说，他的说法还算恰当。）"你们认为可能的原因是什么呢？"他继续问，"我为什么这样做？当然不是为了多拿点小费，没有人会对俘虏抱有这种期待。那是为什么呢？现在我告诉你们。几个月前，一位住在我所服务的舱房里的名叫高雪的先生也是搭这艘船回家的，之前他曾在你们医院待了好几个月。有天他对我说，'盖拉德呀，那位兰巴雷内的医生可能很快就会被当作俘虏遣送回欧洲了，如果他搭上了你们的船，而且有任何你们可以帮得上忙的地方，还请看在我的面子上多多关照。'现在你们知道我为什么要对你们这么好了吧！"

抵达法国波尔多之后的三个星期，我们都待在贝勒维尔路上那个所谓的"中继站营区"，即用来暂时收容外国战俘的地方。在那里没多久我就染上了痢疾，幸好行囊里还有一些吐根碱可以救急。不过痢疾留下的病根还是折磨了我很长一段时间。

后来，我们被送往比利牛斯山区那个规模很大的加瑞松俘虏营。但是对于那道要在晚上准备出发的命令，我们却会错意了。由于没想到所谓的"晚上"就是接获命令当天晚上，所以当午夜时分两位宪兵开着车来载我们时，我们还没有打包行李。两位宪兵因此认定我们不服从命令，颇为恼怒，我们只好就着微弱的烛火收拾行李。因为收拾得太慢，他们几乎失去了耐心，打算要我们留下行囊直接上路。不过他们终究还是有同情心的，进而动手帮忙收拾、打包行李。从此，我常用这两位宪兵的行为来警醒自己：即使觉得自己有理由不耐烦，也要努力要求自己保持耐心。

于是我们被送进了加瑞松战俘营。值班士官检查我们的行李时，发现了一本亚里士多德《政治学》的法文译本,那是我为了撰写《文明的哲学》而带在身边的。"我真不敢相信!"他大声斥骂着,"现在他们竟然连政治性的书都敢带进战俘营了!"我有些胆怯地向他解释,这本书写于基督诞生之前。"真的吗?你这个大学生来说说?"他朝一个站在旁边的士兵问道。那个士兵确认了我的说法。"好吧!不过那时候就已经有人研究政治了?"他又反问。得到我们的肯定答复后,他决定:"基于当今政治一定与那时不同,我允许你们留下这本书。"

加瑞松(普罗旺斯语为 guérison)原本是一座很大的修道院,许多生病的人都会从很远的地方来此朝圣祈福。自从政教分离后,这里就一直闲置着,逐渐老朽破败,直到战争爆发,才又变成几百个敌国百姓——男女老幼都有——的安置所。有些拘禁在这里的战俘原本是工匠,经过他们一年的整修,这里又恢复到了相对完好的状态。我们被囚禁在那里时,营区的主管是一位名叫维奇的殖民地退休官员。他是个神智学者,不仅做事讲究公平,人也仁慈善良。比起严厉苛刻的前主管,他得到了我们的更多肯定。

抵达加瑞松的第二天,我正站在院子里,冷得直打哆嗦时,一位也被囚禁在此的人向我走来。他说他叫博克洛,是个碾磨机技师,并问我有没有可以效劳之处。他说他欠我一个人情,因为他的妻子经过我的医治恢复了健康。虽然我与他的妻子互不相识,但事实似乎确实如此。战争刚爆发时,一位名叫克拉森的先生——他是汉堡一家木材公司的代表——要从兰巴雷内的战俘营被遣送到达荷美,于是我为他准备了大量的奎宁、布劳氏丸(碳酸亚铁丸)、吐根碱、安眠药与其他药物,供他和之后会遇上的战俘使用。我在每个药瓶上都附了详细的服用说明。后来，这位先生又从达荷美被遣送到法国，与博克洛夫妇同在一个战俘营里。就这样博克洛太太从克拉森那里得到了我给的药，当时她正饱受食欲不振和精神衰弱之苦。这些经一路辗转、无数次检查、被克拉森奇迹般抢救下来的药，终于让她恢复了健康。这次意外的治疗为我带来的报酬是一张桌子，是博克洛用他从仓库拆下的木板做成的桌子。于是我又能够写作和"弹奏"管风琴了。其实在回欧洲的航程中，我就开始把桌子当作琴键，把地板当作踏板，练习"弹奏"管风琴了，就像我小时候那样。

一起拘禁在此的人里还有一些吉普赛音乐家。几天之后，他们中的最年长者突然问我是不是罗曼·罗兰那本《当代音乐家》里提到的阿尔伯特·史怀哲。听到我说是之后，他对我推心置腹，说从现在起，他们圈子里的人都会把我看作自己人。这意味着，以后我可以参加他们在仓库里举办的音乐演奏会了，我与妻子过生日时也有权要求听一首小夜曲。妻子生日那天，她果真是在《霍夫曼故事》这首美妙的华尔兹音乐中醒来的。这些吉普赛音乐家原本在巴黎一些气氛高雅的咖啡馆里表演，被拘捕时获准携带了他们赖以谋生的乐器，并有机会在营区里继续练习、演奏。

不久之后，又有一群人被送进了营区，他们原先所在的小型俘房营被废除，被迫迁移而来。即便他们初来乍到，也马上抱怨起伙食来，怪罪负责伙食的人——这些人在厨房的工作令众人艳羡——没有善尽职责。这样的批评让那些炊事员极为沮丧——他们在被拘禁到加瑞松之前都任职于巴黎最高级的旅馆和餐厅。后来这件事闹到了战俘营营长那里，他先问那些批评者是否有人当过厨师，结果一个都没有。带头抱怨的人是个鞋匠，其余人有裁缝、做帽子的、编篮子的、做刷子的以及从事其他类似行业的人。不过他们在之前的营区里负责过炊煮，还自称掌握了能把大锅饭做好吃的诀窍。营长最后运用了所罗门王式的智慧，决定让他们接管厨房，试做两周。如果他们做得比原来的厨师好，就可以继续留在这个位置上，否则会因扰乱秩序被关禁闭。接下来，从第一天的马铃薯配酸白菜开始，他们就证明自己并不是在吹牛，之后的每一天也都成功胜出。就这样，不是厨师的人被任命为新的炊事员，职业厨师则被赶出了厨房。我问那个鞋匠他的秘诀是什么。他回答："你得对各方面烹饪知识都懂一些，不过最重要的是要用爱与关怀来烹调。"从那之后，每当我又听到有哪位门外汉被任命为某部长时，便不再像以往那样容易激动，而是试图寄予厚望，说不定他会像加瑞松的那位鞋匠一样，在本业以外的工作上也能做得称职。

说来也奇怪，我竟然是战俘里唯一的医生。一开始，营长严格禁止我与病人来往，因为那是官方驻营医生的事——当时附近乡下的一位老医生担任着这个职务。不过后来他认为，如果我的专长能够让营区直接受益，就像营区里那几个牙医一样，也算合理。他甚至安排了房间作为诊疗室让我使用。本来我的行囊里装的就多是药品和器材，负责检查的下士允许我留下来，所以诊治病人所需的物品相当完备。尤其是对从殖民地遣送回来的人和感染热带疫疾的船员来说，我更能提供有效的治疗。

于是我又变成了医生。空闲时间则用来继续撰写《文明的哲学》（当时我正在草拟《文明之邦》篇章部分），以及在桌旁与地板上练习"弹奏"管风琴。

身为医生，我很清楚俘虏营里几乎无处不在的悲惨和不幸。而最痛苦的人是那些在监禁之下精神受创的人。从被允许进入中庭，一直到天黑时赶人回房的号角响起的这段时间里，他们都在绕圈子走路，目光越过围墙凝望着远方在积雪下微闪着光芒的比利牛斯山脉。他们心灵枯竭，再也找不到动力做任何事；下雨时，就表情呆滞地伫立在走廊里。另外，即使这里的伙食就俘虏营的标准来说不算太糟，但久而久之就会对单调食物生厌抗拒，进而营养不良。大部分房间里没有取暖设施，所以许多人深受寒冻之苦。这些在精神与肉体上都变得脆弱的人，即使有一点不舒服，都可能会恶化成棘手的重症。他们当中许多人因无法承受失去奋斗多年的成就和地位之痛苦，长期深陷忧郁；就算哪天加瑞松俘虏营的大门打开，他们也不知该何去何从。许多人跟法国妇女结了婚，有了只会说法语的小孩——他们该要求妻小随自己离开故乡吗？还是该为自己下判决：战后留在异国这块土地上寻求再被接纳和工作的机会？

　　营区里那些面无血色、总是冷得直打哆嗦的小孩儿，大多都讲法语。他们总在中庭和走廊上玩着打打杀杀的战争游戏，经常一方扮演协约国，另一方扮演同盟国。

　　对那些身体称得上健康、精神还算饱满的人来说，俘虏营里倒也充满了各种各样的乐趣，因为这里的人来自不同的国家，各行各业皆有。有学者与艺术家，尤其是意外遭遇战争而被困在巴黎的画家；有曾受雇于巴黎的大公司的，来自德、奥的鞋匠和裁缝；有银行主管、饭店经理、餐厅服务生、工程师、建筑师、工匠，以及定居在法国及其殖民地的生意人；有天主教传教士，来自撒哈拉的身穿白衣头戴红色圆帽的宗教人士；有来自利比里亚和非洲西海岸其他区域的商人；有被捕时正在海上航行的来自北美、南美、中国与印度的商旅人士；有德、奥贸易商船上的整队船员；有在东方战争中基于某种原因被驱逐出境的土耳其人、阿拉伯人、希腊人与巴尔干半岛各国的人，其中土耳其的妇女还戴着面纱。基于这些情况，每天两次在中庭集合的场景，可真是千态万状！

在这里，想要增长知识不需要读书。因为你想知道的一切，几乎都有某位具有专业知识的人帮你解答。我便充分利用了这个独一无二的机会，进而在银行、建筑、碾磨机制造与保养、谷物种植、火炉制造及其他领域上，学到了原本难以接触到的知识。

对于被迫无所事事的人来说，营区里的日子极其难捱，尤其是那些工匠。某次，妻子拿到一块布料，想做件保暖点的衣裳，许多裁缝表示要提供免费服务，只因能把布料拿在手中，重拾针线，有活儿可干。

为了偶尔到附近的农家去帮忙，别说那些本来就略懂农事的人，连一些平常根本不习惯劳动的人都报名了。最不想劳动的人其实是那些船员，海上生活让他们非常了解如何用最简单的方式消磨时间。

1918 年年初，营区公布了一个消息：如果德国没有于某月某日前撤销对比利时百姓采取的措施，营区就会依据姓氏字母选出若干"显要人士"送到北非（如果我没记错的话）的一个报复性俘虏营。我们全都得向家里传达这个讯息，以促使家人采取必要行动，让我们免遭这种厄运。可能被送到报复性俘虏营的"显要人士"候选人包括：银行主管、饭店经理、较为成功的商人、学者、艺术家，诸如此类。挑选这些有头有脸的人，让他们面临厄运的威胁，比起选择默默无闻的多数人，更能在他们的家乡引起关注。不过，这个消息的公布却意外揭露出一个事相：此前营区里某些自称为"显要人士"的人，其实并不显要。为了提升自己的身份，侍者领班说自己是饭店经理，而商店雇员则说自己是大老板。现在，他们向每个遇到的人哀叹，自己因虚荣而谎报身份要惹祸上身了。幸好老天垂怜，一切又平静落幕了。德国撤销了他们对比利时的措施，而那些或真或假的显要人士都暂时不用害怕会被送到报复性俘虏营了。

漫长严冬过去，春天终于来临。一道命令下来，我和妻子要被转移到普罗旺斯圣雷米（St. Rémy）一处专门收容阿尔萨斯人的俘虏营。尽管营长想为营区留下我这个医生，我们也想留在自己已经适应了的地方，然而一切希望能撤销这道命令的请求都是徒劳。

3月底，我们被送到了圣雷米营区。那里收容的人不像加瑞松里的人那么形形色色，主要有教师、林务员以及铁路局的公务人员。我在那里遇到了几个旧识，包括根斯巴赫的年轻老师伊尔提斯，以及曾是我学生的年轻牧师利布瑞希。利布瑞希牧师获准在星期天主持礼拜，我则以代理者的身份获得多次布道的机会。

圣雷米营区的营长名叫巴格瑙，是个来自马赛的退休警官，管理风格相当温和。最能体现他平易近人作风的事，是每当有人问起可不可以做某些事时，他总是回答："全部都不准！不过，如果你们表现得好，有些事还是可以容许的！"因读不准我的姓氏，他总是叫我阿尔伯特先生。

我们白天可以待在营房的地面楼层，然而第一次踏进那里时，我就对这个光秃丑陋的巨大空间有种奇怪的熟悉感。我是在哪里见过这个铸铁炉子，以有那个贯穿整个房间的长炉管呢？谜底揭晓。原来我是在梵·高的一幅画里见过它。四面有高墙围起的庭院中有座修道院，现在变成了用于安置我们的俘虏营。其实在不久之前，它一直是收容精神病患的地方。也就是说，这个我们现在常无所事事坐着发呆的地方，梵·高曾经也待过，而且他还用画笔把这个单调贫乏的空间化成了永恒。当寒冷的密斯托拉风刮起时，他也曾像我们一样瑟缩在这块冰冷的石地板上，也曾像我们一样在那庭院高墙之间惶然地踱步打转！

这里还有一位医生，所以一开始我并不需要与病人接触，可以整天专心撰写《文明之邦》部分的初稿。不过那位医生同仁后来因交换俘虏而获准返乡，于是我又变成了营区医生。还好，这里的工作量没有加瑞松那边大。

原本托加瑞松的山间空气的福，妻子的健康状况已大有改善，但现在却深受普罗旺斯凛冽刺骨的寒风之苦，加之不习惯这里的铺石地板，进而病情复发。我自己的状况也不太好，自从在波尔多患过痢疾之后，就察觉到一种日渐增强的虚弱感和倦怠感，尽管努力克服，却毫无成效。我变得很容易疲惫，甚至和妻子一样无法参与外出散步的活动——拘禁在这里的人在某些特定日期可以在士兵看管下外出散步。大部分人在外出散步时走得都很快，也很远，因为他们想在规定时间内尽可能多地活动筋骨。

营长通常会在那几天亲自带我们和其他几个身体较虚弱的人去外面走走。对他的善意，我们心怀感激。

十五、重返阿尔萨斯

7月中旬，有消息传来，称我们全部——或几乎全部——很快就能以交换俘虏的方式被释放，并且几天后就能借道瑞士回家。我为此感到由衷的喜悦，尤其是为饱受监禁和思乡之苦折磨的妻子而高兴。幸好她不知道我的名字一开始并没有出现在营长收到的那份释放名单上。7月12日那天夜里，我们被叫醒了。根据电报传来的命令，我们必须马上准备出发。这次的名单上，所有人都齐了。日出时，我们拖着行李到中庭准备被复检。我在加瑞松和这里写下的《文明的哲学》部分草稿，已经先呈送营区的审查单位，他们在某几页上盖上审查章之后，准许我把它们带走。当长长的队伍通过大门往外散去时，我又回去找营长，发现他正悲伤地坐在他的办公室里。对他而言，跟这些被囚禁者道别是件困难的事。直到今天，我们还保持着书信往来，他在信中总称我为"亲爱的寄宿者"。

　　在塔拉斯孔（Tarascon）车站等火车进站的那段时间，我们得走到一个有些远的候车棚去。然而，因为拖着沉重的行李，我和妻子得费尽力气才能在轨道间的碎石路上前行。我曾在营区救治过的一个可怜的跛子表示可以帮我们抬行李，他因一无所有而没带任何行李。我感动地接受了他的帮助，与他顶着炙热的阳光并肩走着。那一刻我发誓，要谨记他的善行，日后不管在哪里，都要特别留意有没有人行李过重，以便向他伸出援手。而我也确实遵守了这个誓言，只是有一次，我表达出的善意被怀疑是居心叵测想偷东西。

在塔拉斯孔与里昂间的某个车站，我们受到一群绅士淑女的亲切接待，还被邀请至一个摆满食物的桌子前。不过就在我们尽情享用餐点时，接待我们的人态度突然变得有点奇怪，并彼此简短交谈几句后离开了。原来他们突然发现我们并不是他们要接待的客人，他们正等候着来自法国北部占领区的人。这些人被德国人短暂拘留后便经由瑞士遣返法国，而现在应该要被暂时安置在法国南部。

当车站播报一列载有战俘的火车即将进站时，这个为了关怀战俘而成立的委员会以为进站的人就是他们等的人，直到听见我们说的是阿尔萨斯语而不是法语，他们才知道这是个误会。当时的情况是如此滑稽，连这群不小心认错人的委员会成员都忍不住笑出来。整件事最精彩的是，一切发生得太快，我们大部分人都忙着吃，以至于根本没注意到任何异样，只认为应该好好享用这桌为我们准备的大餐。

火车继续上路后变得越来越长，因为到达中途的几个车站时又分别加了几节来自其他俘虏营的车厢，其中整整两节车厢载满了流浪汉和吉普赛人，以及各种补篮子的、补锅的、磨剪刀的师傅。

在瑞士边境时，我们的火车被拦停了很久，一直等到电报来讯通知，说准备与我们交换俘虏的那班列车也到达瑞士边境了。

7月15日一大早，我们抵达苏黎世。我在惊讶中被人从车厢里叫了出来，原来神学教授麦尔、歌唱家考夫曼，还有几位朋友，竟然几星期前就知道我会来，为了向我表示欢迎，都来到了车站。在火车继续开往瑞士康斯坦茨的路上，我们一直都站在窗边，目不暇接地看着井然有序的田野和洁净的屋舍。我们几乎不敢相信自己正置身于一个不识战火的国度。

康斯坦茨留给我们的印象是骇人的。之前只是耳闻这里有饥荒，现在则是亲眼目睹的悲惨世界：满街都是毫无血色、骨瘦如柴的人！他们的步伐看起来相当疲惫，简直让人怀疑他们怎么还有办法立直身体！

妻子获准可以跟着来这里与我们会面的岳父岳母立刻回斯特拉斯堡，我则必须与其他人一起在康斯坦茨待一天，以便办完所有相关手续。我回到斯特拉斯堡时已是夜晚，街上却一盏灯都没亮，也没有一户人家的窗口透出一点光！原来为了避免空袭，整座城市必须保持黑暗。我到不了远在偏远郊区的岳父岳母家，就连通向圣托马斯教堂附近费雪夫人家的那条路，也是费了很大工夫才得以找到。

因根斯巴赫处于军事活动区里，我在经历了无数奔波与申请后，才终于获准探访在那里的父亲。火车只能通到科尔马，接下来前往佛日山脉的15公里路就只能靠步行了。

我于1913年的耶稣受难日离开了这里。曾经宁静祥和的山谷如今何在！山里隐约传来炮弹发射的隆隆声，道路两旁满是覆有麦秆的铁丝网，人就仿佛行走在高墙之间——这么做是为了掩护行驶在铁丝网之间的车辆，避免使其成为孚日山山脊上敌军炮台的攻击目标。到处都是用石头灰泥砌起的机关枪台！到处都是被炮弹击碎的屋舍！记忆中覆满森林的山岭，现在一片光秃，只留下一些炮弹残骸。村子里张贴着告示，警告所有人要随时随地佩戴防毒面具。

根斯巴赫是最接近前线战壕的村镇，之所以至今没被驻守在山脊上的炮兵摧毁，全因为它隐藏在山势之间。即使到处都是军队和残破的屋舍，这里的居民依然干着自己的活儿，仿佛战争并未发生。晚上时把晒干的牧草从草场运回来，对他们而言已习以为常，就好像听到警报便得躲进地窖，或面临我军攻击的威胁时一旦接获命令，就得舍弃一切立刻离开村子一样。父亲对所有的危险已变得漠然，炮火袭来时，他并不像其他人一样躲进地窖，而是继续待在他的书房。曾经他不需要与这些军官或士兵"共享"这栋牧师宿舍，现在他几乎记不得那是什么时候的光景了。

不过这些对战争已经麻木的人还是非常担心他们的收成，因为可怕的干旱正威胁着一切。谷物干枯了，马铃薯也停止生长了；牧草地上的草那么稀疏，根本不值得收割；牛栏里则传出嗷嗷待哺的吼叫声。地平线的那端偶尔会升起一片乌云，然而它不会带来降雨，只会带来吹干土壤里仅剩水气的狂风，以及载着饥饿幽魂的满天沙尘。

此时，妻子也获准来到根斯巴赫。

我本来以为回到家乡的山林间就能够克服经常折磨我的虚弱倦怠和时好时坏的发烧症状——在圣雷米的最后那段时间就已如此——可是情况不仅没有改善，甚至一天比一天糟。8月底时，持续高烧与剧烈疼痛的症状，让我意识到这应该是我在波尔多时所患的那场痢疾的迟发性后遗症，需要立即接受手术治疗。我在妻子的陪伴下拖着病体走了六公里之后，才找到机会搭便车前往科尔马。9月1日，在斯特拉斯堡的史多尔兹教授帮我做了手术。

当我恢复到能重新工作的程度时，斯特拉斯堡市长史万德先生立刻给我介绍了一个市民医院助理医师的职位。正彷徨于不知该如何谋生的我，欣然接受了他的好意，被指派负责皮肤科诊疗部的两间女病房。同时，我再度被圣尼古拉教堂任命为代理牧师。圣托马斯参事会把圣尼古拉教堂河堤区闲置的牧师公馆提供给我居住，这也让我感激不尽，因为代理牧师其实是不具备入住资格的。

停战之后，阿尔萨斯从原属德国管辖变成了法国管辖，有段时间我得独自负责圣尼古拉教堂的礼拜活动。杰罗德牧师空下的位置，法国当局这边尚未递补——他因发表反德言论而被德国当局解除职务。原本该接任克尼特牧师工作的恩斯特牧师，因不支持法国而被迫辞职。

在停战时期与那之后的两年间，我有时会背着一整袋食物走到凯尔，去接济德国那边正在挨饿的朋友，因此我成了莱茵桥上那些海关人员眼里的熟面孔。在这些朋友中，我尤其把照顾科西玛·瓦格纳夫人、老画家托玛和他的妹妹阿嘉特当作自己的责任。我认识托玛已有多年，当时我们是经由舒姆夫人介绍而认识的。托玛是已去世的舒姆青少年时期的好友。

十六、助理医生与牧师

我在两份工作之余还在进行有关巴赫圣咏前奏曲的编写工作。等我收到在兰巴雷内时完成的那部分手稿后，巴赫作品美国版的最后三册就可以很快送交付印了。然而这份手稿一直没有寄到，美国那边的出版社似乎也无意立即出版，我只好暂时搁下这件事，再度回到《文明的哲学》的编写工作上。而这一耽搁，就一直耽搁到现在。尽管在此期间出版社再度积极起来，不断催促，我还是无法把那三册调整至可出版的状态。

　　在等待取回我在非洲写成的《文明的哲学》手稿的同时，我开始致力于研究世界各大宗教及其持有的世界观。我曾经根据这点探讨过去哲学领域对"伦理性地肯定世界和生命是文明动力"这种看法的认可程度，现在我则想要厘清在犹太教、基督教、伊斯兰教、祆教、婆罗门教、佛教、印度教与中国宗教信仰里，含有哪些对世界和生命的肯定或否定观及伦理道德观。在这个过程中，我完全证实了自己的观点：文明乃源自人类对世界和生命的伦理性肯定。

　　在态度上明显否定世界和生命的宗教，对文明并不太关注。先知时期的犹太教，以及几乎同时出现的祆教与中国宗教思想，则在对世界和生命的伦理性肯定中有着强烈的文明动力，相对于倾向悲观的宗教在沉思静观中固守自我的态度，他们则想要打造更好的社会环境，呼吁人以有意义的行动实现共同目标。

犹太教先知阿摩司和以赛亚（公元前760—前700年）、琐罗亚斯德（公元前7世纪）以及孔子（公元前551—前497年）在人类的思想精神史上具有重大的转折意义。公元前8—前6世纪，几个相隔甚远、彼此互不相关之民族的思想家得出了同一种认识：伦理道德并不在于对传统习俗的顺从，而在于个体对他人或对改善社会状态这一目标的积极奉献。在这场重大的思想革命中，"人之所以为人"的精神演变，以及借此能够高度发展的文明，都正式发展起来。

基督教与印度教对世界和生命的观点，则既非纯粹肯定也非完全否定，而是两者同时存在且相互对立。与此相应地，它们对文明的态度也是既肯定又否定。

若说基督教对文明持否定态度，是因为其形成于一种世界末日将临的理念中，对改善真实世界的环境并不感兴趣；然而基督教却有着积极的伦理观，这又使其以某种不凡的方式表现出对文明的肯定。古代世界的基督教已自我证实具有文明摧毁性。晚期斯多葛学派曾致力于革新罗马的世界帝国，想创造出一种讲究伦理的人类社会，然而却没有成功，部分原因即在于基督教对文明的否定。我们从埃比克泰德（Epiktet）和其他代表人物身上可以得知，晚期斯多葛学派的伦理观其实与耶稣所言极为相近。基督教的伦理观虽结合了否定世界和生命的理念，但对文明的发展仍产生了影响。

近代基督教则在经历文艺复兴、宗教改革与启蒙运动后，才逐渐摆脱其从原始基督教的末世论起就一直固有的对世界和生命否定的态度，且在一定程度上给予了肯定论得以发展的空间，由此成为致力于促进文明发展的宗教之一。在这样的新内涵中，基督教加入了与无知、无用、残暴、不公不义的对抗，也因为如此，一个新的世界成形了。只有通过基督教强大的伦理能量，结合近代那种肯定世界和生命的进步意志，并投身于时代任务之中，才能创造出17—18世纪时的文明成就，使我们受惠无穷。

　　然而好景不长，随着中世纪及中世纪后期思想在18世纪的复苏，基督教再次倾向于否定世界和生命的观念，进而不再推动文明发展，因此开始让人注意到肯定文明的重要性。以上种种在当代历史上已有足够的例证。

　　在印度教里，相较于否定世界和生命之观点的兴盛，肯定论从未真正得到认可。印度教从未像16—18世纪时的基督教那样，曾在深具影响力的思想家的引领下奋力突破悲观主义的传统。印度教纵然有伦理倾向，却无法在其所盛行的国家创造出如基督教世界拥有的文明成就。

　　伊斯兰教则只有在被论及其传播范围之广时，才称得上世界级宗教。之所以如此，是因为伊斯兰教不允许深入探讨有关世界和生命之事。为维持传统观念的权威，一旦内部出现这样的想法，就会被立刻制止。不过，如今伊斯兰教则有着比其表面所呈现的更强的神秘主义和伦理观深化倾向。

就在我埋首于这些工作时，1919 年圣诞节前几天，我收到了索德布罗姆（Nathan Söderblom）大主教的邀请，希望我能在隔年复活节后到瑞典的乌普萨拉大学为奥劳斯·彼德里（Olaus Petri）基金会上几堂课。这个邀请完全出乎我的意料，因为战后至今的这段时间里，在斯特拉斯堡深居简出的生活让我觉得自己就像不小心滚进家具底下的硬币，已经被人遗忘了。那期间，我只有一次跟外面的世界有接触：1919 年 10 月，在费了许多工夫才获得护照之后，我想尽办法凑足旅费前往巴塞罗那，在参加加泰罗尼亚合唱团的朋友面前，让自己弹奏的管风琴乐曲再度被公之于众。在这次重新接触外部世界的经历中，我发现自己还有做艺术家的价值。

　　回程中，在驶于塔拉斯孔与里昂之间的火车上，"恩斯特·雷南号"巡洋舰上的水手与我同行了一段。当我问到他们帽子上绣的是谁的名字时，他们回答："没有人提过任何关于他的事，可能是个已作古的将军吧。"

　　如果没有苏黎世和伯恩大学神学院的关爱与善意，我会以为自己在学术圈已被全然遗忘了。

　　我在乌普萨拉大学的讲座主题是"哲学与世界宗教中有关肯定世界和生命及伦理观"。在着手拟定这个讲座计划时，那份留在非洲的《文明的哲学》的手稿一直没有消息，因此我不得不重新撰写。一开始我对此感到非常郁闷，不过后来发现像这样再写一次其实也有用处，于是也就接受命运，释怀了。那份留在非洲的手稿，终于在 1920 年夏天，也就是在我的瑞典行程结束后，才终于又回到我手里。

　　而已经占据我的心思长达五年之久的想法，也终于在乌普萨拉大学的讲座中第一次得到好的反响。我在最后一场讲座中介绍自己有关敬畏生命之伦理的理念时，内心是如此激动，几乎说不出话来。

抵达瑞典时，我还是个疲惫、消沉、体弱多病的人。1919 年夏天，我不得不进行第二次手术。乌普萨拉清新的空气和接待我们夫妇的大主教公馆亲切友善的态度，让我重拾健康，再度成为乐于工作的人。

然而，大战期间，为维持非洲那边的医院继续运作而向巴黎传教士协会及一些巴黎旧识借款一事，对我而言依旧是个沉重的负担。在一次散步中，大主教得知我的烦恼后向我建议，或许可以试试通过在这里举办管风琴演奏会和演讲来解决问题——当时瑞典还算相当富裕——之后还引荐我到不同的城市。一位名叫索德史特隆的神学院学生（几年后他在担任传教士期间不幸殉职），自愿陪伴我拜访各地。不管在讲台上还是布道台上，他都站在我身边，把我说的关于丛林医院的一切极其生动地一字一句翻译出来，使听众很快忘记自己正在通过翻译听演讲。而我在兰巴雷内布道时学到的技巧，即如何根据口译者的特点及时调整自己的表达，此时真是让我受用无穷！

这些技巧的重点，在于演讲时尽量以简短且结构清楚的句子为主，事先与译者仔细演练演讲内容，并少做改动，以维持他所熟悉的文本。如此一来，译者便不用费力理解和揣摩句子的意思，而是像球员把接到的球直接传出去那样准确地把内容转达给听众。以这种方式来处理，即使是学术性演讲也能通过翻译顺利进行，而且比主讲人以不专精的语言去演说要好得多，否则不仅折磨自己，也近乎是虐待听众。

我在瑞典演奏时所用的那些老管风琴，规格虽然不大，但音色极为优美，带给我许多惊喜。对弹奏巴赫的音乐来说，这样的琴再适合不过。

而短短几星期内，通过演奏会和演讲所积攒的收入，竟然足以让我立刻还清最急迫的债务。

我在瑞典得到如此多的善意，因此在七月中旬离开这里时，我已下定决心重拾兰巴雷内的工作。在此之前我根本不敢这么想，而是考虑再度回学校任教的可能性——根据去瑞典前所得到的某些暗示，我似乎可以抱有这样的希望。1920 年，苏黎世神学院授予我荣誉博士学位。

十七、非洲回忆录

回到家以后，我立刻以《在水域和丛林之间》（*Zwischen Wasser und Urwald*）为名，写下自己对非洲的记忆。乌普萨拉的林布拉德出版社希望我来撰写这本书，不过因为他们对字数有所限定，这本书写起来并不容易。例如，我在完成书稿后不得不想办法删掉数千字，这个过程比写下整本书还费力。原本有一整章关于丛林伐木工人与木筏的内容也要被删掉，不过在我的请求下，出版社最后同意保留这章，接受了这份超过预定字数的手稿。

在写作时被迫计算字数，这件事对我造成了好的影响。从此，我总会要求自己以最精简的方式来表达，在写作《文明的哲学》这本书时也是如此。

《在水域和丛林之间》瑞典文版由拉格菲特（Greta Lagerfelt）男爵夫人翻译，于1921年出版。同年发行的还有德文版（最先在瑞士发行），以及由友人坎彼恩（C.T. Campion）翻译、以《原始森林的边缘》为名的英文版。之后，又陆续出版了荷兰文版、法文版、丹麦文版与芬兰文版等版本。

为这本书增色不少的精彩照片，大多出自汉堡的克拉森（他被俘虏时我曾给他提供过许多药物）之后——他在1914年夏天到兰巴雷内一带采购原木时拍过不少照片。

记录自己在赤道非洲丛林里的活动，让我有机会说出自己对当地人在殖民主义下之遭遇的看法。我们白人是否有权强迫那些原始或半开化民族接受我们的统治？假如我们只想宰制他们，并从他们的土地上获取物质利益，那答案必然是否定的。如果这些民族确实有自主生活的可能性，外人应该让他们自己过活，不得干涉。然而世界贸易活动来到了非洲，不管是我们还是他们，都阻挡不了这个趋势。与外界进行贸易，让他们变得不再自由，也让他们的经济和社会陷入了不稳定的状态。在这个无可避免的趋势中，部落酋长利用贸易活动所获得的武器和金钱以绝对手段奴役多数族人，迫使这些人沦为奴隶，去为出品贸易的少数控制者而工作。有时候就像过去买卖奴隶的时代那样，被奴役者本身变成了商品，用来换取金钱、铅、火药、烟草与烈酒。在这种困境下，上述问题的重点不是这些部落能否真正独立自主地生活，而是哪种情况对他们来说更有利：是任由贪婪的部落掌权者摆布，还是被欧洲国家的官员来接管治理？

欧洲殖民国家在以我们白人的名义强占非洲之时所做的许多不公不义、残暴凶狠的行为，不仅与当地部落酋长毫无二致，也让我们背负了莫大的罪责，这是必须正视的事实。对于那些至今仍在不断伤害当地人的罪行，我们不该再用沉默应对或加以粉饰。然而，现在给予这些被殖民的原始或半开化民族独立自主的权利，却可能会让他们再度沦为自己族人的奴隶，并不能弥补我们对他们犯下的错误。

　　不幸的是，殖民利益和文明利益并非总是并行不悖，反而经常处于互相抵触的状态。对那些原始民族来说，假如他们与世界贸易相隔绝，最好的发展趋势应该是逐渐由游耕/游牧或半游耕/游牧的生活形态转变为农业和手工业的生活形态。不过事到如今，这种趋势已经变成了不可能的事。一来，他们不想被剥夺通过世界贸易活动获得财富的机会；二来，其他地区不会放弃这些原始民族所提供的原材料产品及向原始民族出售工业制品的机会。如果他们通过农业、手工业活动几乎能满足生活上所需的一切，便会真正地富裕起来。

　　科学进步让人类有更多方法对抗疾病、痛苦与死亡，而我们这些所谓的"文明人"居然想着藏私，不愿分享，实在令人无法置信。假如我们还具有些微道德，除了希望身处远方、处境困难的人也能受惠于这些医疗资源之外，根本就不应当有其他想法。由殖民政府指派的医生总是只能满足一小部分人的需求，因此除了他们之外，一个讲究人道的社会必须派遣更多医生前往殖民地。凡是亲身经历过疾病的痛苦与恐惧的人都必须伸出援手，让那些身体正在遭受痛苦的人也能像过去的自己一样获得帮助——此时他不再完全属于自己，而是属于所有受苦难者的兄弟。殖民地的所有人道医疗工作，需要参与者本着这种对他人痛苦产生同理心的态度而义不容辞。身负使命的医疗人员面对远方那些受苦难者时该做的事，就是完成那些以真正文明之名必须完成的事。

　　我之所以能鼓起勇气在兰巴雷内创办医院，就是因为"对他人痛苦产生同理心的态度"所蕴含的本质真理具有信心。真理为人所领悟，然后发扬光大。

最后值得注意的一点是，我们对殖民地人民所展现的一切好意都不能算作善举，而更像是赎罪——为我们从抵达他们海岸的那天开始，给他们带来的无尽痛苦而赎罪。殖民地所面临的问题，基于其背后复杂的成因，是无法仅以政治手段解决的。我们必须开拓新思路，让白色人种与有色人种在伦理精神中进行真正的交流。唯有通过这种方式，双方才有相互理解的可能。

致力于这种伦理精神的形成，就是在进行关乎未来的国际政治。

十八、在根斯巴赫及旅途中

1921年圣枝主日[1]前的那个星期天,巴塞罗那的加泰罗尼亚合唱团首次演出巴赫的《马太受难曲》,这也是该作品在西班牙的首演,而我很荣幸能为他们担任管风琴伴奏。

　　那年4月,我辞去了在斯特拉斯堡的两项职务,打算靠写作与演奏管风琴来维持日后的生计。为了能安静地继续完成《文明的哲学》,我与妻子及孩子——出生于1919年1月14日(也正是我生日那天)的女儿——搬回根斯巴赫,与父亲同住在他那舒适的牧师公馆里。不过,我还是在斯特拉斯堡保留了一个落脚处——每当在图书馆查阅资料需持续较长时间时,我便留宿在迪兹·黑特牧师太太的位于克诺布洛赫巷子里那栋老房子的阁楼上。

　　我经常需要去往外地,写作自然也常被打断。很多大学都希望我能针对文明的哲学或原始基督教的议题为学生开设讲座。此外,我也通过

1　译者注:圣枝主日(Palmsonntag),复活节的前一个周日,圣周的开始。据福音记载,耶稣在这天骑驴入耶路撒冷,受到民众持棕榈树枝欢迎,得到君王般的礼遇。

以兰巴雷内医院为主题的演讲，为日后继续在非洲行医筹措资金。至于我演奏管风琴的收入，则是为了保证未来再度去往非洲后的那几年里我个人及家人能够生活无虞。

1921年秋天，11月时我从瑞士出发去往瑞典。次年1月底，我从瑞典前往英国牛津，受戴尔基金会的委托，在曼斯菲尔德学院举办讲座。在那之后，我又分别在伯明翰的赛利·欧克学院（关于基督教与世界宗教）、剑桥大学（关于末世论的意义）以及伦敦的宗教学术协会（关于保罗教义的问题）进行演讲。在此期间，我在英国也举办了好几场管风琴演奏会。

1922年3月中旬，为了推进在瑞典的几场音乐会与演讲活动，我离开英国，前往北欧，之后便几乎没有时间回家。直到夏天，我才又专注于撰写《文明的哲学》。同年秋天，我再度前往瑞士，之后受哥本哈根神学院之邀，举办了有关伦理学的讲座，紧接着在丹麦几个城镇举办了管风琴演奏会，也进行了演讲。

1923年1月，我在布伦塔诺的弟子奥斯卡·克劳斯（Oskar Kraus）教授的邀请下，前往布拉格就《文明的哲学》做演讲。借此机缘，我也与这位教授培养出了真挚的友谊。

这几年里所经历的一切，是多么美好！我在去非洲前其实已准备好要牺牲这三件事：管风琴音乐艺术，衷心喜欢的学术教学活动，以及自己的经济独立性——只能靠朋友帮助而活。

在这三方面我确实有所牺牲，只有知心的朋友知道我有多么困难。

然而，我的经历如同亚伯拉罕一般——本来已准备好牺牲个人利益，可是预计的事并没有发生。得益于巴黎巴赫学会赠予的那架为热带环境特制的、带有风琴式踏板的钢琴，以及克服了热带气候的身体，我才得以维持自己的管风琴技艺。在四年半孤独的热带丛林生活里，我与巴赫共度了无数寂静的时光，也更深刻地体会到了巴赫作品的精神。回到欧洲时，我没有退化成业余爱好者，反而琴艺更加精湛，甚至受到了更多的重视。

放弃在斯特拉斯堡大学授课，这一遗憾在我的很多场讲座中得到了补偿。而曾经暂时失去的经济独立的能力，现在又可以通过演奏管风琴和写作得以恢复。

我的三方面牺牲全部得到了赦免。如此令人振奋的经历，让我在遇到困难时有足够的力量不被击倒，让我能像无数人一样成功熬过战后那些充满波折的遭遇，坦然面对经历的劳苦与无奈的舍弃。

1923 年春天，我完成了《文明的哲学》的头两卷，并于同年出版。第一卷名为《文明的衰败与重建》[1]，第二卷则是《文明与伦理》。

在《文明的衰败与重建》中，我陈述了文明与世界观之间的关系。近代文明的衰败，应归咎于 19 世纪的哲学思想。对于该如何维系启蒙时代文明精神的特质，它并不了解；对于承接 18 世纪尚未完成的工作，继续对伦理学及世界观进行本质性的思考的任务，它也未能完成。在整个 19 世纪里，它放弃探索人天生就具有的寻求世界观的本性，越来越

1　作者注：《文明的衰败与重建》，慕尼黑 C.H.Beck 出版，伯恩 Paul Haupt 出版，1923 年，共 65 页。同时发行的版本还有英文版、瑞典文版、丹麦文版和荷兰文版。

迷失在一些非本质的议题里，变成了一门研究哲学历史的学问。它从历史与自然科学中为自己拼凑出一种世界观，然而毫无作用，根本无法维系时代的文明精神特质。

就在这个文明世界观失去力量的同时，人类社会的物质发展也对文明产生了威胁。机械时代的来临，破坏了人对文明状况的认知，也使文明的维系变得更加困难。因为缺乏一种文明世界观作为思想支撑，人便在毫无抵抗的情况下让自己受有碍文明发展的环境所影响。由于生活过度忙碌，再也无法真正保持专注，现代人逐渐陷入具有精神依赖性、讲究一切形式的表面功夫、错估历史事件与现实生活的境况，并因此萌生出国家主义及可怕的非人道思想。

因此，我们必须以新的思维再度找到一种怀抱真正文明理想的世界观。只要能重新开始思考伦理观，以及我们与世界的精神关系，就已经跨出了由非文明重返文明的第一步。

我对文明下了一个定义：生活领域里所有的精神进步与物质进步，都伴随着个体与全人类的伦理道德而发展。

第二卷《文明与伦理》[1]阐述的则是欧洲哲学思想为获得肯定世界与生命的世界观做过的悲剧性尝试。我原本还想描述这场有关文明世界观的思想奋战是如何在世界宗教里上演的，不过如此一来，这本书的内容又会变得冗长。于是我不得不放弃这个想法，只是点到为止地给出提示。

---

1 作者注：《文明与伦理》，慕尼黑 C.H.Beck 出版，伯恩 Paul Haupt 出版，1923 年，共 280 页。另有英文版（1923 年）和荷兰文版（1931 年）。

我也刻意避免使用哲学专业术语。我希望这本书的读者是懂得思考的普通人，我想唤醒他们，让他们对每个人心中都会浮现的有关问题进行本质性思考。

人类绞尽脑汁想达成一种伦理观及具有深度的肯定世界与生命的观念。而在这一过程中到底发生了什么？

欧洲古代思想家曾竭力证明伦理的行为合乎理性，认为肯定世界与生命的观念是明智的、合理的。然而，这一理念在当时现实的必然发展进程中，屈从于一种听天由命的理念，那些拒绝参与世事的"智者"普遍以该理念为典范已充分说明了这点。

只有晚期斯多葛学派在这方面有所突破，奥勒留（Marc Aurel）、爱比克泰德及其他代表人物提出一种自信不疑的伦理世界观，把为世界创造更好的精神环境与物质环境视为个人义务。晚期斯多葛学派所信奉的这个世界观，在某种程度上是启蒙时代时"相信理性胜过一切"这一观念的前身。其实，它一开始并未得到认同，因此也无法发挥改革的力量。可以确定的是，几个罗马皇帝后来成为斯多葛主义的忠实信徒，力图以自己的影响力遏止古代世界文明全面衰颓的趋势，只可惜统治者的世界观对广大群众的影响很有限。

晚期斯多葛主义与 18 世纪时的理性主义究竟是如何形成这种观念的呢？它们看待世界的方式并不是直接接受它，而是把世事的发生理解为一种理性的伦理意志的表现。肯定世界与生命的伦理意志，会让人根据自己的理解与感受去诠释某件事的影响力。一个人的人生观虽然存在于世界观之中，但这并不意味着它就能清楚说明人做出某种举动的原因。

正相反，人生观本身其实是人认知世界之本质的一种结果。

　　不管在哪里，只要在哲学思想上达成合乎伦理的、肯定世界与人生的观点，就会经历与欧洲哲学思想相同的过程。它们通常从对世事的诠释角度出发，把所有事件的发生都视为有其道理，通过某种方式把它理解为具有最终的伦理目的。接下来再鼓励人们通过伦理行动，投身到为世界的共同目标而服务的行为中。

　　孔子与琐罗亚斯德提出合乎伦理的对世界与生命的肯定论，也是因为他们对世界有着与此相应的诠释方式。

　　然而，康德、费希特、黑格尔以及其他思辨哲学的伟大思想家，却不再以18世纪理性主义那种简单质朴的方式看待世界了。他们以更复杂的思辨方式检视世界，并归纳出：只要能正确地解决认识论的问题，或对不同时空世事中的纯粹存在及其发展进行逻辑性理解，应该就可以获得合乎伦理的肯定世界与生命的世界观。

　　在这个庞大体系里的思想中，19世纪初的知识分子自认为他们已证实了肯定世界与生命这一世界观的逻辑必然性。不过他们并没有高兴太久，这种空中楼阁式的思考逻辑，在19世纪中叶讲究实用客观与自然科学的思考方法的压力下，很快就崩坏了。哲学思想进入了大觉醒时期，人们放弃以手段和蛮力来理解世界，转向专注于探究现实本身，并在肯定世界与生命的世界观背景之下，推断现实中某种行为的动机。然而这种哲学思想却不得不接受，现实根本无法提供它所期待的东西，因为现实世界拒绝被赋予"人的伦理行动有其道理"的意义。

　　虽然没有全面承认这个否定结果，不过事实证明，他们那种肯定世界与生命的伦理性世界观，以及其中既有的文明理想，都不再具有任何力量。

哲学思想希望通过某种诠释世界的方法达成肯定世界与生命的伦理性世界观，然而所有尝试皆是枉然。

敬畏生命的世界观，形成于接受"这个世界就是如此"的信念之中。这个世界在美好中带着恐怖，在深远的意义中带着无用与愚昧，在欢欣喜悦中带着痛苦与折磨。不管用什么观点去诠释，对我们而言这个世界依旧是个谜团。

然而，假如必须放弃"凡事皆有其意义"这样的想法，也并不代表我们就得束手无策地面对人生难题。敬畏生命这一理念，让我们与世界之间形成了一种精神联系，这种联系不受人类如何认知世界的影响。这样的理念引导我们从内心的需求出发，通过黑暗山谷，登上对世界与生命"伦理性肯定"的光明高地。

我们不再依靠认知世界来形成自己的人生观。在敬畏生命的理念中，我们就已经拥有了一种它本身所根植的人生观，同时伦理世界观会得到直接确认。不管何时，只要我们思索自身以及周遭的生命，这个理念便会在我们心中升华。

我们是通过体验而不是通过知识来跟这个世界产生关系的。所有往深处探究的思维，最终都会结束于伦理的幻想。然而，理性的思维会延续到非理性之中。因此，敬畏生命的伦理幻想是一种思维周全的理性主义。

我在校对《文明与伦理》清样的同时，开始将再次前往非洲的行囊打包装箱。

该书德文版的印刷工作曾在 1923 年秋天中断过一阵子。因为出版社所属的位于诺德林根（巴伐利亚）的印刷厂被政府征用，以协助印刷严重通货膨胀下急需的大量纸钞。

我得感谢阿尔萨斯、瑞士、瑞典、丹麦以及英国各处的新教教区，那里的人听过我的演讲之后提供了许多帮助，让我得以重拾丛林中的工作。除此之外，分散在欧洲各国的朋友给予的帮助，同样令我感激不尽。

前往非洲前，我还把在伯明翰塞利欧克学院进行的那几场演说的内容 [1]（有关基督教与世界宗教）整理至可出版状态。在那几场演讲中，我试图以哲学观点研究世界各宗教的本质，研究哪些宗教的信念本身就具有肯定／否定世界与生命的理念以及伦理观。可惜我只能对这个有关世界宗教的研究做简要总结，并以演讲版内容出版此书。

我之所以在打包行李的同时还抽空写下自己青少年时期的回忆，完全是某次跟一个朋友碰面的结果。1923 年初夏，从瑞士西部前往东部的旅途中，我在苏黎世停留了两个小时，并拜访了朋友费斯特博士——一位著名的心理分析家。在他那里，我才有机会稍做休息，喝杯茶水，让疲累的身体舒展一下。他也利用这次机会，让我叙述当下浮现在脑海中的童年往事，以此作为一本青少年杂志的报道素材。不久之后，他便把那两小时里速记的内容整理好寄给了我。我请他先不要公开发表，我会

---

1 作者注：《基督教与世界宗教》，慕尼黑 C.H.Beck 出版，伯恩 Paul Haupt 出版，1924 年，共 59 页；英文版，伦敦 Allen & Unwin. 出版，1923 年；之后尚有丹麦文版、瑞典语版、荷兰文版和日文版。

再做些补充，使其更完整。就在我即将启程前往非洲前的一个星期天下午，窗外雨雪交加，我写下了那些在回忆起青少年时让我触动不已的感想，以此作为那部作品的结语[1]。

---

1 作者注：《童年与青年时期回忆》，慕尼黑 C.H.Beck 出版，伯恩 Paul Haupt 出版，1924 年，共 64 页；英文版，伦敦 Allen & Unwin 出版，1924 年；之后尚有丹麦文版、瑞典文版、荷兰文版和法文版。

十九、重返非洲

（1924—1927）

1924 年 2 月 14 日，我离开了斯特拉斯堡。妻子因健康问题无法与我同行。她在这种情况下仍然愿意牺牲自我，同意我再度拾起在兰巴雷内的志业，对此我心中怀有无尽的感激。与我同行的吉勒思比是个还在牛津大学修习化学的学生，他的母亲把他托付给我几个月，希望他能当我的助手。

在波尔多登船时，负责检查行李的海关人员对我起了疑心，因为我随身带了四个马铃薯大袋，里面都是未处理的信件——我打算在漫长的航程中一一回复。一来，他从未遇到过带这么多信件的旅客；二来，带现金离开法国是当时严格禁止的事——每位旅客只准带 5000 法郎出国——因此他自然怀疑我在信件里藏了现金。于是，他花了一个半小时来检查信件，直到检查完第二袋才终于摇头放弃。

搭乘这艘荷兰货轮"欧瑞斯提斯号"，让我有机会更近距离地观察西非海岸的许多地方。在一段漫长的海上旅程之后，我终于在 4 月 19 日——正是复活节前的星期六——日出之时，再度踏上兰巴雷内的土地。

医院原本所在的地方，只剩下一间小铁皮屋和一间大竹屋残余的硬木骨架。在我离开的漫长的七年间，其他建筑物全都朽坏崩塌了。那条从医院到山丘上医生小屋的蜿蜒小道长满了藤蔓与杂草，几乎找不到原来的路。当务之急，就是修缮医生住所的腐朽破漏的屋顶，以及医院那两间尚存的建筑，之后再把倒塌的部分重建起来。这件差事不仅花费了我好几个月的工夫，也让我疲惫不堪。每天晚上修订手稿《使徒保罗的神秘主义》的计划，根本无力执行。这份手稿写于1911年，这是我第二次把它带到非洲。

那段时间，我的日子是这样度过的：上午是医生，下午则化身为建筑包工头。不幸的是，跟第一次来时的情况一样，我找不到工人——战后再度繁荣起来的木材买卖几乎吸引了全部人力。于是我不得不借助一些"义工"，即那些在医院里陪伴生病亲友的人或正在康复的病患；不过即使能够按时上班，他们对这种工作还是缺乏热情。

这次回到非洲不久，我便遇到一位已经有点非洲化的老木材商人，在旅途中顺道来这里和我共进午餐。餐毕，离开餐桌时，他似乎认为该对我美言几句，于是说："医生啊，我知道您弹管风琴弹得很好，其实我也喜爱音乐。如果不是因为得立即上路并赶在风暴到来前回家，我还真想请您帮我弹一首歌德的赋格！"

因病患数量一直在增加，我在1924年与1925年分别邀请了两位来自欧洲的医生与护士加入了团队。

1925年秋天，医院终于重建完工。原本我已满心期待着可以利用晚上的时间来进行撰写有关保罗著作的工作，然而由于整个地区的人都在忙着伐木，耽误了粮食的种植，一场严重的饥荒开始了。更糟糕的是，可怕的痢疾也流行了起来。这两件大事，让我和同事有好几个月的时间都忙得不可开交。医院里病人几乎快断粮时，我们得多次开着"感激号"和"拉鲁普号"这两艘汽艇（前者来自瑞典，后者来自日德兰，皆是友人的捐赠），四处探问，搜购米粮。

痢疾的流行让我明白，必须将医院搬到一个较大的空间去。在传教团驻地扩建是不可能的，因为可使用的这块地四周环绕着河流、沼泽和陡峭的山丘。在这里盖出的建筑物，充其量能容纳 50 个病人及陪护的家属。这在过去或许还够用，然而现在几乎每晚都有 150 人留宿，当然远远不够用。

其实这次重建医院时我已经意识到这个问题，然而当时我暗暗希望，病患人数这么多只是暂时现象。而现在因痢疾疫情所暴露出来的问题远不止如此，因为如果不能给染病者提供与其他病人分开的隔离病房，便等于让整个医院陷入风险。后来疫情果然蔓延至整个医院，那是非常可怕的一段日子！

另一个很大的问题，是我们缺乏安置精神病患的空间。医院经常无法收容具有危险性的精神病患，因为我们仅有的两个小房间都已经被占用了。

几经踌躇，我只能沉重地做出决定：把医院往上游迁移，迁到一个离这里约三公里、可以不受限制而随意扩建的地方。因十分相信赞助我的朋友们，所以即使成本很高，在迁建医院时我还是大胆地以铁皮屋取代原先那种得不时整修、以树叶当屋顶的竹屋。为了防范河水泛滥以及暴雨后山洪泄流，我变成了"现代原始人"，把医院修建为以木桩为地基的铁皮高架屋村落。

这段时间，我几乎将医院里的工作全都交给了同事内斯曼医生（法国阿尔萨斯人）、劳特布格医生（瑞士人）以及特伦兹医生（阿尔萨斯人，内斯曼医生的接任者）来处理。至于我自己，则充当了一年半左右的监工，在我们选定的地方监督伐木、修整土地和施工。我得亲自完成这项任务，因为由医院病患的亲友和康复中的病人组成、成员不断变动的"义工"队只信服我这个"老医生"。接到布拉格德国大学哲学系授予我荣誉博士学位消息的那天，我正在监督一队工人砍树。

等建筑工地清理完毕，我便立刻着手把部分周边土地开垦成农田。能够将原始森林开辟成耕地，是件多么叫人高兴的事！

从此，开垦农地的工作年复一年地进行着，医院四周也逐渐形成一片伊甸园般的景象。我们种下好几百棵果树树苗，未来这里将产出数不清的果实。每个人都可以尽情采摘，不必再去偷窃。关于木瓜、芒果及油棕的产量，我们确实已达到了这样的水平：之前大量栽种的木瓜树，如今产量已超过医院所需；芒果树与油棕在医院周遭的森林里本来就随处可见，当其他树被砍掉后，这两种树更是长成了一片繁茂的小树林。树上攀满了藤蔓，四周都是遮蔽阳光的大树，一旦除去这些障碍，它们便立刻开花结果。

不过，这些果树并不是这个原始森林的原有物种。以前芒果树在河边的村落里生长，后来慢慢延伸至森林；油棕则是鹦鹉从附近村子里带来的果实掉在森林里长成的。赤道非洲的丛林里，本身并没有能结出可食用果实的树种。走进这里的徒步旅行者，一旦食物告罄，就会一命呜呼。我们现在所熟知的香蕉、木薯、油棕、芒果以及许多有食用价值的植物和水果，都不是原产于赤道非洲，而是欧洲人从西印度群岛传进来的。可惜水果在高温多湿的环境里很难保存，它们几乎是刚被摘下就开始腐烂。

提供给医院病患的香蕉数量庞大，即使有"伊甸园"，还是得一直仰赖附近的村落。因为那些我花钱雇人栽种的香蕉，比在河边有香蕉园的当地人卖给我的成本更高。不过，这里的原住民没种多少果树，因为他们并非定居一地，而是不断迁移。

也正因为香蕉无法保存，所以我得始终维持一定的稻米储量，以防附近的香蕉园收成不佳。

此次再回非洲，我没有立刻着手建新医院，而是先对旧医院进行修复。其实这样做也不见得是坏事。因为在修建过程中所积累的经验，现在发挥了很大作用。另外，要是没有莫连札利这位黑人木匠，我也无法执行这项工程，他是唯一自始至终都坚守在工作岗位上的人。直到最后几个月，才有一位来自瑞士的年轻木匠帮忙。

我第二次来非洲本来打算停留两年就返回欧洲，这下计划又无法实现了，竟停留了三年半。整天顶着大太阳东奔西跑，让我每天晚上都精疲力尽、脑袋迟钝，根本无法提笔写任何东西。仅剩的一点精力，只够支撑我在那架带有管风琴踏板的钢琴上做常规练习。所以，《使徒保罗的神秘主义》只能继续停留在未完成状态。不过至少在艺术上，我这几年里还有所进步。

《兰巴雷内通讯》曾对我的第二次非洲行动做过报道[1]。其中包含我提供给《医院之友》的部分报告，这些报告是我利用工作空档疾笔写下的记录。

我不在欧洲的那段时间，多亏斯特拉斯堡的马汀夫人、巴塞尔的神学博士包尔牧师，以及奥伯豪斯伯卑尔根（位于斯特拉斯堡附近）的姐夫沃伊特牧师，帮我处理有关医院的事务。假如没有他们与其他志愿者的奉献和帮助，整个事业不可能发展至如今的规模。

1927年1月21日，新医院部分建筑已完工，病人开始从旧医院搬进新病房。那天傍晚，最后一趟搬迁时，我带着那些精神病患一起出发。看护人员不厌其烦地反复向他们介绍，在新医院他们可以住在有着木地板的房间里。在旧医院，病房的地面都是泥巴。

晚上在医院四处巡视时，几乎每经过一个火把和一顶蚊帐，都可以听到这样的赞叹："医生，这真是好房子！好房子啊！"打我在非洲行医以来，这是第一次能让我的病人住在合乎人之尊严的地方。

1927年4月，我终于能把监督工人、清理医院周围林地的任务移交给新来的卢瑟夫人。她非常具有管理才能，总能让工人乖乖听话。在她的领导下，我们开始经营农场。在那之后，我总结出：比起白种男人，当地更信服白种女人。

---

1 作者注：《兰巴雷内通讯》第1期与第2期（1924年春季—1925年秋季），第3期（1925年秋季—1927年夏季），慕尼黑C.H.Beck出版。亦有瑞典文版、荷兰文版和英文版。英文版（1931年）标题为"More from the Primeval Forest"。

大约在那年盛夏，我们又建造了很多病房。现在这座医院可收容200个病人及其家属。过去几个月，患者人数通常维持在140人至160人。此外，我们也妥善安排了痢疾患者的住处，让他们住在隔离病房里。而安置精神病患那栋建筑的工程经费则由伦敦基尔德豪斯教区捐赠，以此纪念已故教友帕莫洛伊-克雷格先生。

　　现在，只要再完成最必要的内部设备安装，我就可以把医院放心交给同仁，开始考虑回欧洲之事。我于7月21日离开兰巴雷内，与我同行的人有自1924年夏天就在医院服务的护士柯特曼小姐，以及劳特布格医生的妹妹。豪斯科内特小姐则继续留在兰巴雷内，不过很快就会有其他护士来协助她。

二十、在欧洲的两年与三度赴非

回到欧洲的那两年里，我绝大部分时间都在演奏会和演讲的巡回途中。

1927 年秋冬两季，我几乎都是在瑞典和丹麦度过的。1928 年春天至初夏时待在荷兰和英国，秋冬时则待在瑞士、德国和捷克斯洛伐克。

1929 年，我在德国举办了多次巡回演奏会。不在旅途中时，则与妻子、女儿住在黑森林区的科尼斯菲德山区疗养地或斯特拉斯堡。

那期间，有好几次需要立即找到并派出新的医护人员前往兰巴雷内作替补，也因此平添了不少工作与忙乱。医院人事之所以突然变动，无非是因为有人不能忍受那里的气候或因某些家庭因素必须提早离开、回国。这期间，我招募到的新人有慕德勒、黑迪格、史塔德以及戌纳柏医生，四人全都来自瑞士。一位同是瑞士籍的多尔肯医生的骤然离世让我们哀恸不已。1929 年 10 月，他在从科特迪瓦大巴萨姆港前往兰巴雷内的航程中突然过世，死因很可能是心脏病。

我在欧洲的所有空余时间，几乎都用来完成《使徒保罗的神秘主义》这本书。我不想第三次把这份手稿带去非洲，于是立刻再度全心全意投入其中。慢慢地，完成了一章又一章[1]。

有关保罗"与基督合而为一"的神秘主义，可以从他对弥赛亚国度与世界末日将临的理念中得到解释。如同其他原始基督教时期的信徒，保罗在犹太教末世观念的影响下，认为相信耶稣就是未来弥赛亚的人，耶稣将会以超自然的存在形式与他一同生活在弥赛亚国度里；而那些不相信耶稣的人，以及自开天辟地以来世世代代的人，都得先在坟墓里安息。根据晚期犹太教的观念，弥赛亚国度是超自然的，也是暂时的，只有当它终结时，那种普遍性的复活才会在末日审判中出现。也只有如此，永恒才会降临，上帝才会成为"无所不在的一切"，也就是说，一切都回归于上帝。

在保罗的阐释中，那些相信耶稣就是弥赛亚的人，会因加入弥赛亚国度而比其他人更早进入复活状态，他们以肉身的形式与基督同在。他们信仰耶稣，代表他们会被上帝挑选而出，可以与弥赛亚为伴。借由这种与耶稣神秘且自然的结合，从耶稣死去与复活的那一刻开始，那些作用在耶稣身上的死亡与复活的力量也同样作用在他们身上。于是，那些耶稣的信徒不再像其他平凡人一样，他们会经历一种转化，从自然状态的存在转化为超自然状态的存在，凡人的样貌只是他们披在身上的皮囊，一旦弥赛亚国度降临，他们便可立刻将其丢弃。他们以某种玄妙、神秘的方式，与基督共同经历死亡与复活，且很快会以复活后的状态与基督共生共存。

1　作者注：《使徒保罗的神秘主义》，杜宾根 J.C.B.Mohr（Siebeck）出版，1930 年，共 450 页。就在完成本书英文版几天后，蒙哥马利（W.Montgomery）便突然过世。

保罗"与基督合而为一"以及"与基督同死同复活"的神秘主义，存在一种对末世极度迫切的期盼。他认为，从自然转化为超自然的过程伴随耶稣的死亡与复活正在进行，并且相信天国很快就要降临。所以，保罗的神秘主义其实是一种认定重大宇宙事件即将发生的思想。

保罗在理解与基督结合、同在的重要性时，得出一种有待实践的道德伦理观。现在，这些耶稣的信徒与犹太教律法不再有任何关系，因为律法只适用于自然状态下的一般人，也就是说，人们不得将律法强加在那些信奉基督教的曾经的异教徒身上。什么事才符合道德伦理？凡是与基督合为一体者，都能从自己体会到的基督精神中直接获得结论。

相较于其他信徒普遍将忘我的、狂喜的言谈与心醉神迷的状态视为圣灵显现的最好证明，保罗寻求的是把教义精神基础转向道德伦理性。根据他的说法，信徒拥有的灵魂就是耶稣的灵魂，是他们通过与耶稣同在的神秘性结合而拥有的灵魂。耶稣精神是神圣美好的生命力量，一如使耶稣复活那样，能够帮助信徒做好"存在于复活状态"的准备。同时耶稣精神也是权力，能使信徒通过不同于现世的存在，证明自己不再属于这个世界。这种精神的最高展现形式，就是爱。一直以来，爱都是每个人当下认为的永恒。

在末世论神秘主义中，所有形而上的内容都具有某种伦理意义。保罗在"如今常存的有信、有望、有爱这三样中，最大的是有爱"（哥林多前书）这句话里确认了伦理在宗教中永恒的崇高地位，也以完全奉献的行动证实了"与基督同在"的伦理观点。

保罗教义诠释了耶稣所说的"把酒与面包比作自己的血肉",并因此让圣餐礼产生了这样的意义:参与仪式者通过吃喝达成与耶稣同在的结果。受洗原本代表"因基督而得救"的开始,对保罗而言则代表"与基督同死同复活"的开始。

几世纪以来,一直被视为保罗主要信条的"因信称义"教义,其实是一种有关耶稣赎罪受死的原始基督教教义,其观念来自"与基督合而为一"的神秘主义。为了能更好地应付那些反对他的犹太基督徒,保罗相信耶稣殉道具有救赎意义的表述,使其具有一种因"与基督合而为一"的神秘主义但其本身并不适用于犹太教律法的确定性。于是,在面对那些犹太基督徒时,保罗不仅在他的神秘主义中要求以合乎伦理的行为作为"与基督合而为一"之证明,而且也不认可他们的行为(指合乎犹太教规的行为)在信仰之外具有任何意义。

保罗在与犹太基督徒论战中创立的"因信称义"教义,后来得到了极大重视。因为不论何时,反对基督教因讲究行为正当性而表面化的人,都能以此为佐证,并借助保罗的权威获得胜利。然而另一方面,保罗试图主张《旧约圣经》已蕴含此教义的诡辩逻辑,导致部分世人错误地评判他,指责他以复杂的教条取代耶稣简明的福音。尽管保罗处处带有犹太经师风范,但其论述表明他其实是一个强大的且注重本质的思想家。他并不根据字面意思,而是根据耶稣精神来延续耶稣福音。借由将耶稣信仰与天国末世信仰转化成"与基督合而为一"的神秘主义,保罗创造出了一种教义文本,使之在世人对末世的期盼落空时仍能保持生命力,且不管在何种世界观中都能以伦理的神秘主义获得认可。他缜密构思了末世论的基督信仰，使之维持前后一贯性，并通过这点进一步思索了我们与耶稣的关系。尽管这些想法都源自末世论的形而上学之意，但不管是精神上的还是伦理上的，都是具有最终决定性和超越时代意义的。

保罗思想并不具有希腊元素，但他赋予基督信仰一种形态的做法，确实会让人认为他可能受希腊精神的影响。而在思想上完全吸收保罗教义的伊格纳丢（Ignatius）与游斯丁（Justin），他们所做的事不过是以希腊式的想象阐释保罗"与基督合而为一"的神秘教义。

1929 年 12 月，我在从法国波尔多到洛佩斯角的航程上，完成了《使徒保罗的神秘主义》一书的最后一章。至于前言部分，则完成于圣诞节后驶向兰巴雷内的河运渡轮上，当时同行者除了我的妻子，还有史密兹医生和预备参加医院实验室工作的赛克雷坦小姐。

第三次到达兰巴雷内时，我发现医院里还是得开展建筑工程。彼时，一波大规模痢疾疫情已接近尾声，但事实证明我们为痢疾患者准备的那栋建筑实在太小了，院方不得不先将附近计划安置精神病患者的病房用来安置痢疾患者，再为精神病患者建造新房舍。基于过去使用旧病房时积累的经验，新病房更坚固、通风、明亮。可后来发现，我们需要建造的还有重症患者专用的、配备单人床位的大病房，既通风又防盗的食物储藏室，以及给当地看护准备的宿舍。顺利的是，上述工程都在一年时间内完成了。在此期间，我还执行着医院的勤务工作，这得感谢来自阿尔萨斯的忠实可靠的木匠莫内札利的协助。另外，在奥果韦地区的最后那段时间里，同样来自阿尔萨斯的年轻木材商人祖伯先生也给我提供了不少建房建议。在他的帮助下，我们用水泥建了一个大型蓄雨池，以及一间通风良好的、可充当餐厅和会客厅的房间。

1930 年复活节前，因饱受当地气候的折磨，我的妻子不得不遗憾地返回欧洲。当年夏天，医院里又来了一位新医生——同是阿尔萨斯人的麦兰德博士。

现在，我们的医院在方圆数百公里内几乎人人知晓。来这里接受手术的病患，有些人因路途遥远，甚至得用好几个星期才能到达。多亏欧洲的医院之友的善心，我们拥有了一间必要设备齐全的手术室。药房里也储备了一切最需要的药物，包括治疗热带疾病所需的极为昂贵的特制药，还能够在一定程度上为许多穷到没饭吃的病人提供足够的食物。可以说，在兰巴雷内工作成了一件美好的事。我们不必把自己搞得精疲力尽，因为现在有足够多的医生与护士承担工作。没有这些医院之友，我们的非洲志业根本不可能实现。对此，我们心中怀有无尽的感激！

尽管现在医院的工作仍然繁重，但至少不再像从前那样让人过劳，我也有了足够的精神和脑力来写书。不过，这项工作还是经常被迫中断好几天甚至好几个星期。一旦心中挂念着那些手术病患或重症病患，我就没有心思去想别的事。所以，原本打算作为此次非洲之行的第一部文学性作品，即这些有关我的生活与创作的简单报告，花了我好几个月的时间才得以完成。

结 语

有两种体验在我的生命中留下了阴影：一是领悟到这个世界是如此神秘莫测且充满痛苦，二是认识到自己出生在一个人类精神文明衰颓的时代。然而，经由思考"敬畏生命"这个肯定世界和生命的伦理观，我克服了这些阴影所带来的问题。在这个理念中，我找到了人生的依靠和方向。

　　因此，我希望这个伦理观也能帮助他人深入思考且变得更好，使他们内在精神变得更丰富，这是我对自己存在于这个世界的意义和使命。

　　我完全无法苟同我生活的这个时代的精神面貌，它充满了对思考能力的蔑视。然而，在某种程度上也是可以理解的，因为人类的思考能力至今尚未达成人类自己设定的目标。不知道有多少次，我们认定自己已经以一种可信的方式建立了合乎认知的，且在伦理上令人满意的世界观，然而事后却不断发现目标并未达成。

　　所以，人们难免会质疑，自己是否真能通过思考来回答有关这个世界以及我们与世界之关系的问题，是否真能通过某种方式赋予生命以意义。

不过，除了轻蔑感之外，人们对思考能力还普遍存在不信任感。眼下，有些组织和团体在争取个体、让个体认同其理念时，总希望他们不经思考便被说服，全盘接受已准备好的那一整套理念。一个能自主思考并在心智上完全自由的人，对组织而言代表着麻烦或事端，因为无法保证这种人在组织中能听从上意行事。很多组织更倾向于在内部达成最大可能的团结一致，以寻求自己的优势，而不看重组织成员所拥护的理念之精神价值。他们相信，如此一来，组织就可以拥有最强的抵抗性和能量。

因此，当人们无法通过思考完成任务时，我所处时代的反应不是惋惜而是欣喜；当并非尽善尽美的人类思想依然能创造出成就时，这个时代也并不引以为豪。此外，这个时代还拒绝承认人类至今所有智识之进步皆是思考的成果——尽管这是不争的事实；也不愿意让人们考虑未来是否还有机会完成至今未尽的任务。这个时代拒绝接受以上种种考量。对它而言，想尽办法贬低和打压个人思想，似乎是最要紧的事。它对待个人思想的方式，几乎就是福音中"凡是没有的，连他所有的也要拿去"这句话的写照。

这些势力都想夺去人对自主思考之信心，人也终其一生都置身其中。在他的社交圈中，在他加入的组织和社团中，在他的生活环境中，在他所听闻和所阅读的一切中，都充斥着这种他应该要屈服的"人在心智上无法独立"的意图。这类影响从四面八方传来，以形形色色的手段对他产生作用，就是要让他接受他所属组织的那套理论，以此作为人生的真理和信念。这个时代不让人有探索自我、独立思考的机会，就像资本雄厚的企业通过城市街道旁的广告招牌不断地、强制性地播放信息，希望你能买它们的鞋油或汤块那样。那套理论也是如此这般，一次又一次被强行推销给你。

在当这样的时代精神下，人容易对自己的思考能力产生怀疑，更容易接受所谓的权威方提供的"真相"。因过度忙碌、无法专注且精神涣散，他抗拒不了这种持续性的影响。此外，无法逃避的物质的层层束缚，也以某种方式影响着他的心性，使他最终相信自己不再拥有自主思考的权利。

迫使人对自己心智能力信心大减的另一个压力，来自知识的爆炸。人们对新知识应接不暇，无法完全消化和吸收，于是只能把理解不了的内容当作正确的信息囫囵吞下。这种处理知识的态度很容易使他产生一种错觉，认为自己在这方面确实判断力不足。

这样的时代大环境，就是如此竭尽所能地把我们推进这种时代精神里。

时代精神所埋下的关于怀疑主义的那颗种子已经萌芽，人对自己的智识能力确实丧失了信心，表面充满自信的行为举止之下隐藏着极大的不安。尽管从物质层面来看，个人的生产效能很高，但他仍然是个逐渐萎缩的人，因为他弃自己的思考能力而不用。这个因拥有知识与技能成就而显得如此非凡的世代，却要让人放弃思考、精神堕落，简直是一件令人费解的事。

面对我所处的时代——只要某种想法被认为是理性主义或自由意识的想法，都会被视为可笑的、没有价值的、落伍的或早该被丢弃的，甚至也不把 18 世纪时揭力宣示的不可剥夺的人权当作一回事，并加以嘲弄道——我要声明我依然是一个对理性思考信心十足的人。我想对世人大胆直言：不要因为理性主义曾被浪漫主义和掌控精神和物质的现实主义所取代，就认为我们不该再与它有任何牵连。一旦受够现实主义之一切愚昧，且越发深陷于精神与物质的困境，我们就只能转而信任一个更具深度且更有效的新理性主义，并从中寻求自我拯救。除此之外别无他法。

放弃思考等于宣告精神破产。只要人们不再相信可以通过自主思考发现事实真相，便开始产生自我怀疑。想用这种方式散播怀疑主义的人，其目的是：让人们放弃独立发现事实真相的能力，被迫全盘接受权威方或宣传方推销给他们的"事实真相"。

不过他们盘算错了。任何打开闸门并让怀疑主义的洪流四处倾泻的人，都会失控。以自主思考获得事实真相而感到气馁的人当中，只有一小部分人会接受所谓权威方提供的"真相"，大多数人仍持怀疑态度。他们对事实真相失去了知觉，并不再渴望知道，只能在思想空虚中得过且过，游移于各种意见之间。

就算所谓"事实真相"具有思想价值和伦理价值，也无法遏止怀疑主义，只是将其掩盖而已。一个自己就能辨别的事实真相，自己却无法相信——这种反自然状态继续存在着，并始终产生负面影响。真相之城不能建造在怀疑主义的沼地上，因为如此一来，人的精神世界会逐渐被怀疑主义侵入，然后彻底腐朽，使人们活在一个各方面都充斥着谎言的世界里。对真相都想加以操弄的话，人类无异于正在走向毁灭。

怀疑主义者得知的"事实真相"，缺乏思考而得的那种精神特质。这样的"事实真相"既表面化又僵化，虽然能对人产生影响，却无法跟人的内在产生联系。只有在思考过程中成形的真相，才是活的真相。

就好像树木年复一年结出看似相同的果实，但每一颗果实都有新的生命。人类具有恒久珍贵价值的理念，也必须在思考中不断创新，从而获得新生。不过，我所生活的这个时代却忙着把真相的果实系在注定结不了果实的怀疑主义之树上，以便看着硕果累累。

仅仅是相信自己能通过独立思考来获得真相，就足以使我们有能力接受真相。有深度的自由思考并不会使人陷入主观意识中，而会让人依据本身的理念和观点审视那些传统上已习惯被视为真相的事物，并为获得真相而努力。

我们追求真实性的意志，必须与追求真相的意志同等强烈。唯有在具备诚实与勇气的时代，得到的真相才能成为社会的精神力量。

追求真实性是精神生活的根基。我所生活的这个时代太过轻视思考能力，已经意识不到它的重要性，也不觉得有必要追求真相。只有让我们的时代重新正视思考能力的重要性，才能帮它重返正道。

本着这份笃定，我决定起身对抗，并有信心肩负这个时代应有的责任，为重新壮大思想之火焰而尽一份心力。

仅仅通过"敬畏生命"这一思想特质，人们就能胜任对抗怀疑主义的任务，因为这是最根本的思想。

所谓的"根本"，是指这个思想是从人与世界的关系、生命的意义以及善的本质等根本问题而出发的。它直接与每个人的思维联结，并在我们的思维中得以扩展、更加深刻。

这种根本性的思想可见于斯多葛主义之中。我在大学时代读哲学史时，一接触斯多葛学派就感觉再难舍弃，便没有关注那些与其截然不同的思想流派。尽管该学派的主张并不能令我完全满意，但我认为以简单朴实的方法来探讨哲学是正确的，只是对于其被大众舍弃这件事完全无法理解。

在我眼中斯多葛主义之所以伟大，在于它不拐弯抹角，直指目标；大体上容易理解，同时又不失深度；能满足于那些即使不够完美但仍可被人接受的真理；认真地献身于真理，并赋予真理充沛的生命力；具有诚实的精神，敦促人要专心致志、追求内在，并试图唤醒人的责任感。我坚信斯多葛主义的基本思想是正确的，即人与世界之间存在着一种精神性的关系，且必须合而为一。从本质来看，斯多葛主义是一种最终会发展成神秘主义的自然哲学。

在熟悉《道德经》之后，我认为老子的思想和斯多葛学派一样，都是讲求根本的。对老子而言，人应该通过简单的思维与世界建立一种精神性的关系，并在生命中印证天人合一的境界。

因此，希腊的斯多葛主义与中国的道家思想在本质上是相同的。它们之间的差异在于：前者形成于偏成熟且逻辑性较强的思考之中；后者虽朴实，却极为深奥且具有直觉性。

不过，这类出现在欧洲及其他地区的根本性思想却无法保有其应得的引领思潮之地位，而必须让位给非根本性思想。它之所以无法被普遍认同，是因为它的结论无法满足人的需求。凡是心智成熟的人，生存意志中都有一股追求工作表现和道德行动的渴望，然而此类根本性思想却不认为这么做是有意义的。于是，希腊的斯多葛主义继续停留在其"听天由命"的理想中。

整部哲学史基本上是这样形成的：伦理性肯定世界和生命的想法是人之天性，然而以单纯的、符合逻辑的方式来思考人以及人与世界之关系时，所得到的结果却无法满足那些想法，因为这些结果缺乏解释它们的能力。于是这种单纯、直接的思考模式被迫改变，人们希望通过其他思维来达成目的。就这样，五花八门的、不同于根本性思想的思潮出现了，它们包围着它，并经常将其完全覆盖。

这些采取其他途径的思想，特别倾向于这样诠释世界——它们想证明人生在世以道德行动发挥作用之意志是具有意义的事。以爱比克泰德和奥勒留为代表的晚期斯多葛主义，18世纪时的理性主义，以及孔子、孟子、墨子等中国思想家的学说，借由将世事之变化归因为某种带有伦理目的的天意，并要求人为此服务，使得从人与世界关系之根本问题出发的哲学成功获得合乎伦理的对世界与生命的肯定。至于婆罗门教与佛教的思想，以及叔本华的哲学，展现的则是另一种诠释世界的方式。他们认为，随时空演变的生命的存在是无意义的，是可以终止的，因此人对待这个世界最合理的方式就是让自己消逝。

除了那些至少是从根本性问题出发或依然对其保持关注的思想之外，还有一类完全非根本性的流派——特别是在欧洲哲学之中——已不再视人与世界的关系为议题核心。它的关注点在于知识的起源与本质、逻辑思辨、自然科学、心理学、社会学或其他领域，仿佛哲学本身就与寻找这些问题的答案有关，甚至哲学只存在于探讨和归纳各种不同科学领域的成果之中。它不再敦促人持续思索自我以及自我与世界的关系，而是向人传递有关知识的起源与本质、逻辑思辨、自然科学、心理学、社会学或其他领域的成果，仿佛人如何看待自己的生命或自己与世界的关系完全取决于那些结果。这种哲学所阐述的一切，好似"人"不是一个存在于世界之中且体验着世界的生命，而是一个置身世界之外的旁观者。

这种非根本性的欧洲哲学在探讨人与世界之关系的问题时，总是独断地任选某个立场为出发点，甚至干脆选择忽视，因此显得概念不一致、躁乱、虚矫、怪异且零散，不过也显得最丰富、最广泛。在它那些彼此连续且相互交错的系统、半系统与非系统中，能从所有的方向及各种可能的观点出发去处理世界观的问题。在探索自然科学、历史学与伦理学的问题上也比其他流派更加深入，就这点而言，也可说它是最切实际的。

未来世界的哲学思想，会更多地于根本思想与非根本性思想之间的争论中形成，而较少地于欧洲与非欧洲思想间的激荡中形成。

至于神秘主义，在现代人的精神生活中则显得有点疏离。就性质而言，它是一种根本性思想，以最直接的方式关注如何在人与世界之间建立起一种精神关系。然而，因为怀疑理性思考能否达成此目的，神秘主义退而诉求直觉，以此发挥自己的想象力。所以从某种涵义来说，过去的神秘主义又重返那种试图绕道思考的路线。对我们而言，一般只有通过逻辑思考得出的结论才会被视为真相，因此人们很难接受神秘主义阐述其理念和立论的方式。此外，这些理念也无法满足人的需要，因为目前为止，几乎所有神秘主义都很少论及伦理道德，它能引领人走回内心世界，却无法让人走向有效的伦理之路。我们与自我存在及与世界的精神关系，使我们成为具有积极伦理观且内敛的人，而这正印证了世界观的真实性。

因此，无论是那些采取迂回途径来诠释世界的非根本性思想，还是神秘主义直觉性思想，在逆转我们这个时代思想匮乏的困境上都发挥不了作用。唯有接受并发挥许多个体天生就有的根本性思想，才能克制怀疑主义者。相反地，那些非根本性思想——通常是以某种方式获得的某种思考结果，然后被展现在个体面前——并不能使个体产生自己的想法，而是让个体把他人的思想当作自己的思想。借用他人的思想，意味着干扰并弱化自己的思想，也意味着向直接接收他人的"真相"更近了一步，即进一步走向怀疑主义。19世纪初，德国庞大的哲学思想体系曾被热切关注、广为采纳，然而后来，它却成了怀疑主义发展的温床。

所以，使人再度具有思想，意味着让人重新找回自己的思考能力，以获得自己对生命真正必要的理解与认识。"敬畏生命"这一思想进行根本性思考的革新之后，仿佛地下的泉水在历经漫长流动后终于重新涌出地面。

过去人们想达成肯定世界和生命的伦理观，但徒劳无功，如今通过根本性思想就可获得。这并非自欺欺人，而是因为这个思想完全切合实际。

过去人们在探讨世界时，往往只将其视为一种"事件的整体"。然而人在面对这样的一个承载事件的整体时，除了以听天由命的心态自然臣服于它之外，根本无法建立起任何精神性关系。在这样理解下的世界中，他找不到任何理由去投身这个压迫着他的世界，无法赋予自己的行为以任何意义。对他而言，通往肯定世界和生命的路，以及通往伦理的路，都被封锁了。

受制于这种对世界缺乏生机的、不完整的想象，凡是本质性思想无法以自然方式解答的问题，哲学便希望以另外某种对世界的诠释方式来勉强提供答案，不过这全是徒劳。就仿佛一条要流向大海的河被一座山挡住了，于是四处奔流的水得另寻出路。不过没有用，这些水只能不断流进并注满其他山谷；数百年之后，这些蓄积的洪水终于找到了突破口。

这个世界不仅包含了"事件"，也包含了生命。就以出现在我周遭的生命来说，对待他们时我虽然受尽苦难，但依然积极向上。我为这个世界做了一件有意义的事，那就是从事服务于生命的工作。

用世界是真实且充满生命的概念取代无生命世界的概念，这个过程看起来好像既简单又理所当然，然而在它成为可能之前还需要一段漫长的时间。正如想看到自海底隆起的山脉的岩石，就得耐心等待覆盖在岩石上面的石灰层逐渐被雨水冲刷掉一样。在有关世界观的议题中，不切实际的观点也常常覆盖在实质性观点之上。

"敬畏生命"的理念，为"人与世界如何合而为一"这个务实的问题提供了务实的答案。关于这个世界，人只知道一切存在都跟自己一样，是生存意志的展现。人与世界的关系既被动又主动：一方面，人得听命于这辈子所有的际遇；另一方面，人也有能力对自己周遭的生命产生阻碍或促进、毁灭或维护的作用。

赋予人的存在某种意义的唯一办法，就是使他与世界的关系从物理性提升为精神性。忍耐型的人，通过顺应天命的态度与世界建立起精神关系。真正的顺应天命，是人在屈服于世事的同时，能从形塑他存在之表象的命运中超脱而出，然后得到内心的自由。内心的自由，意味着他能找到让自己度过难关的力量，并因此变得更有深度、更内敛，也更成熟、平静且祥和。因此，顺应天命可说是一种对自我存在的精神性与伦理性的肯定。唯有经历过顺应天命的试验者，才有办法对世界持肯定态度。

至于积极主动的人，则通过另一种方式与世界建立精神关系：他并不是只为自己而活，而是与周遭所有的生命合而为一；他对他人的命运感同身受，并尽其所能地提供协助，把提升他人生命价值和拯救生命视为他所能分享的最大快乐。

一旦人开始思索自己生命的奥秘，以及自己与世间万物的关系，唯一的结果便是：对自己和周遭所有的生命产生敬畏之心，并在肯定世界和生命的伦理观中身体力行。从各方面来说，他会因此变得比为自己而活更辛苦，但同时他的精神也会更丰富、更美好、更快乐。他的生活将不再只是得过且过，而会变成一种真正的人生体验。

对生命和世界展开思索，会直接、必然地引领人走向敬畏生命之路，根本不存在走向其他结果的可能性。

倘若一度开始思考的人依然想得过且过地活着，就只能任自己再度陷入思想匮乏的茫然状态——如果他能说服自我——并在当中自我麻痹。

但假如他不放弃思考，就绝对会得到敬畏生命的结论。

　　某些思想被认为会把人带进怀疑主义或毫无道德理想的生活，这些思想都不是真正的思想，而是披着思想外皮但实际有欠思虑的空想，从它们对生命和世界的奥秘毫不关注的态度就能看出来。

　　"敬畏生命"的涵义包含顺应天命、肯定世界和生命、肯定伦理道德。它们是世界观的三个基本元素，彼此密不可分。

　　哲学史上探讨过这三个元素，然而至今从未成功地将其合而为一。想做到这点，唯有在敬畏生命的普遍理念中理解这三个元素的本质，并找出它们的共同点。"顺应天命"及"肯定世界和生命"这两个概念与"伦理道德"并不对等。

　　"敬畏生命"的伦理观因基于务实的思考而变得切合实际，从而引导我们务实地、持续地探讨现实问题。

　　乍看之下，"敬畏生命"理念或许有点笼统且不够生动，似乎无法构成实质、有效的伦理观。然而，真正的思想该关注的不是表达方式是否够生动，而是其内涵是否切中要点并具有生命力。任何人只要进入"敬畏生命"伦理观的影响圈，并理解应如何实践，必能立即觉察隐藏在看似不够生动的表述下炽热的火焰。"敬畏生命"伦理观是普遍的爱之伦理，也是经过理性逻辑思考所获得的伦理。

　　不过，也有人诟病这个伦理观对自然生命赋予了太高的价值。对此，最好的反驳是：至今所有伦理学都犯过的共同错误，就是没有像"敬畏生命"伦理观那样认清生命之价值是如此奥妙。所有的精神生命都会在自然生命里与我们相会,因此对自然生命与精神生命也应怀有敬畏之心。在耶稣的比喻中,那个男人拯救的不只是迷途羔羊的灵魂,更是整只羊的生命。对精神生命敬畏的程度,会随着对自然生命敬畏程度的提升而提升。

"敬畏生命"伦理观中,特别令人感到陌生的概念是它并不主张将生命区分为高等或低等、较具价值或较不具价值。不这么做是有理由的。

在物种之间建立价值差异并使其成为普遍情况,会导致人根据感觉来判断某种生物与自己的亲疏远近,这是一种完全主观的标准。在我们当中,真的有人知道其他生物对我们自己和整个世界具有何种意义吗?

这种区分带来的观点是:有些生命是毫无价值的,即使被危害或被毁灭也没关系。以此类推,昆虫这类物种,或原始民族,便会被视为"毫无价值"的生命。

然而对于真正具有伦理观的人来说,所有生命都是神圣的,包括那些从人类立场来看似乎相对低等的生命。只在情况紧急或形势所迫时,他才会不得不加以区别。例如,陷入必须决定是否该牺牲某个生命以保全另一个生命的处境。在针对个别情况做决定时,他会知道自己是主观的、武断的,对被牺牲的生命也应负有责任。

治疗嗜睡症的新药问世,让我重获希望。不用再眼睁睁看着久病不愈的人受尽痛苦的折磨,对此我感到无比欣喜。然而,每当我在显微镜下观察引发嗜睡症的病原虫时,脑海里总会浮现这个念头:为了挽救另一个生命,我不得不摧毁这个生命。

有一次,我向当地人买下一只他们在沙洲上抓到的小鱼鹰,让它免

257

于可能遭受的残酷对待。不过我必须做出决定，是让这只无法独立的小鱼鹰活活饿死，还是每天给它喂一些小鱼以便让它活下来。我选择了后者。然而每天我都因此心情沉重，这是我为牺牲其他生命而付出的代价。

人类与世间万物一样，都得接受生命意志自我分裂的法则，必须不断面对一个两难的处境——似乎只有牺牲其他生命，才能保有自己或某些生命。然而，一个人一旦为"敬畏生命"伦理观所触动，则只会在迫不得已——而绝不会在不经大脑——的情况下做出伤害或毁灭生命的举动；而且只要能自主决定，就会找机会帮助生命，使其免于痛苦或遭到毁灭，并从中感受幸福。

"敬畏生命"这个普遍性伦理观，证明了没有人能不对动物产生同理心，而且这种同理心还经常以感性的方式呈现。这点对小时候曾参与过动物保护行动的我来说是莫大的喜悦。在面对人类与动物的议题时，过去的伦理观不是缺乏理解与热情，就是不知所措。即使认为对天下生灵具有同理心是正确的，也无法把这样的信念吸纳进来，因为伦理学向来只关注人与人之间如何相互对待。

不知要等到何时，社会舆论才会不再容忍大众娱乐活动中虐待动物的行为！

所以，这个伦理观虽是思考的产物，却未必"合乎理性"，反而是非理性的、充满热忱的。它没有通过精巧的计算为人划出明确的义务范围，而是让人对自己周遭所有的生命负起责任，并尽其所能地帮助这些生命。

具有思想深度的世界观会让人与"无限"之间产生一种精神关系，从这个角度来看，它也是某种神秘主义。"敬畏生命"世界观是伦理的神秘主义，它让人通过道德行动与"无限"合而为一。这个伦理的神秘主义由理性思考而来。假如我们基于生存意志开始思索自己与这个世界的关系，便能在我们周遭的生命中感悟自己的生命，并以行动将自己的生存意志奉献给无限的生存意志。理性思考一旦触及深处，必然会成为带有神秘色彩的非理性思考；而这里涉及的生命和世界的课题，都是非理性思考所能衡量的伟大的存在。

无限的生存意志，在这个世界上是以造物者意志的形态来展现的，对我们而言完全是奥妙难解且令人苦恼的谜团。这种生存意志在人类身上则呈现为爱的意志，以让我们抵消生存意志自我分裂的效应。

因此，"敬畏生命"世界观也具有宗教特质。拥护这个理念并身体力行的人，都有着不可动摇的虔信。

"敬畏生命"世界观具有宗教特质，是一种爱的积极伦理观，本身蕴含着内在精神性，与基督教的世界观在本质上密切相关。正因如此，基督教与"敬畏生命"的思想之间，才能达成一种与以往不同的、有益于精神生活的关系。

18世纪是理性主义的时代，那时基督教一度与哲学思想建立起联结关系。之所以会出现这种现象，是因为当时哲学思想的伦理观不仅充满热忱，而且具有宗教特质。只不过这个伦理观其实并不是当代思想的创见，而是无意中撷取自基督教教义的观念。于是，后来思想界认为必须以本身观点为重时，这个伦理观便失去了它原有的生命力与宗教性，与基督教的信念再也没有多少共通点，二者的联结也不再那么紧密。如今的基督教更是完全退回到自己的世界，只想致力于实践自己的理念，证明自己与当代思想理念一致这件事对它而言已不再重要，而是更想把自己的理念看作某种处于思想之外并凌驾于它的存在。不过正因如此，基督教从此与当代人的精神生活脱节，也失去了发挥影响力的有效机会。

而现在，"敬畏生命"世界观的出现，又让基督教重新面对这个问题：是否要与这个兼具伦理和宗教特质的理念携手同行？

基督教需要通过思想来获得自我意识。数百年以来，基督教虽然传播爱的信条与慈悲之心，将其奉为传统真理，却没有据此声讨过奴隶制度、猎巫焚巫、各种酷刑，以及其他许许多多发生于古代及中世纪的不人道行为。直至受启蒙时代思想的影响，基督教才开始为追求人道而奋斗。它应该永远铭记这一点，才不会在思想面前产生优越感。

不过，今天有人谈到理性主义时代的基督教时，总喜欢提到它当时所经历的那种"平庸化"。其实若真要论公平，他们也得交代当时基督教所成就的许多事，以及对这种"平庸化"弥补回了多少。许多国家的司法机构为了让被告招供认罪，都默许警察和狱政人员在正式法律程序之前或之外，使用极为可怕的刑讯手段，使"严刑拷问"这一行为在今天死灰复燃。我们根本无法想象，每小时有多少个这样的悲惨案例正在上演。而且即使基督教下定决心要像 18 世纪时那样勇于在某些方面有所作为，但由于它对当今的时代精神缺乏影响力，其结果也是力不从心。

如今，基督教在精神与伦理本质方面得到的认同如此有限，以至于只能以教会地位在全世界范围内逐年提高这件事来自我欺骗。它以一种新的世俗化作风来顺应时代精神；就像其他大型机构一样，在机构中发挥的作用强大和统一，让自己凭借真实的历史地位以及在机构中发挥的作用来获得认可。然而在外部斩获权势的同时，它也失去了自己的内在精神。

基督教无法取代思想，而是必须以思想作为前提，它本身无法处理思想匮乏与怀疑主义的问题。一个时代，只有在本身已存在源自思想的根本性虔诚时，才能领悟基督教思想的永恒性。

一如河川因为有丰沛的地下水流才不会渗漏至干涸，基督教也需要一股地下水流，即思想和虔诚。只有人从思想通往宗教的路不受阻拦时，基督教才能真正拥有深入人心的精神力量。

我很清楚，我就是通过思考才得以保有自己的虔诚和基督精神的。

懂得思考的人在面对传统宗教的真理时会更自由，也更能真实领会其中蕴含的深刻与永恒。

不管是通过耶稣的传播得知，还是从思想中得知，基督教的本质就是：我们只要凭借爱，就可以达到与上帝结合的境界。所有领悟到上帝意志的经历，都归因于我们在内心以爱的意志感受着他。

任何人只要能领悟爱的理念是某种来自"无限"的精神慰藉，就不会期待宗教能让我们完全理解那些超自然的玄妙现象。他心中或许思考着这些庞大的问题："恶"在世间的意义为何？造物者的意志与爱的意志如何在所有存在之根源的上帝身上合而为一？精神生活与物质生活彼此有何关系？为何我们的存在显得既短暂又永恒？尽管放弃寻找这些问题的答案让他非常难受，但他依然能做到。他知道，他能凭借着爱在精神上与上帝同在，也就拥有了必要的一切。

"爱永不止息，然而知识终必归于无有。"保罗如是说。

心越虔诚，人就越不苛求自己去理解抽象玄妙的现象。虔诚的心就像一条路穿梭于山间，而非翻越山岭而去。

有人担心基督教若接受虔诚是思考的结果，就会沦为一种泛神论，然而这种担心是多余的。其实从某方面来看，所有活跃中的基督教派都是泛神论，因为他们认为一切存在都来自同一个源头；然而另一方面，所有具有伦理基础的虔诚信念也都是超越泛神论之神秘主义的，因为它并不是在真实世界里找到爱的上帝，而只是通过上帝在我们心中形成的爱的意志而认识了他。出现于真实世界中的"存在之根源"，对我们而言总是非人格性的；然而当它以爱的意志展现在我们心中时，我们就会表现得它好似一个伦理人物。

此外，有人认为，接受过理性思考洗礼的基督教再也无法让人真正意识到自己有罪。然而，这样的疑虑同样也是没有根据的。并不是越常谈到罪恶，就越能让教义具有说服力。登山宝训中对此没有多谈，但是通过耶稣在天国八福中加入渴望免除罪恶与追求心灵纯净的概念后，它成了劝人忏悔的伟大布道，并一直影响着人心。

基督教若因碍于某种传统或考量，而不愿在具有伦理宗教性的思想中理解自我，那么对基督教本身和人类来说都是不幸的。

基督教的当务之急，是完全拥抱耶稣精神，并以此将自己提升为充满爱与内在精神且极具生命力的宗教，而这本是它的使命。唯有如此，它才能在人类精神生活中成为一股潜移默化的力量。19 世纪以来在全世界登场的基督教，还只在充满弱点与错误的初始阶段，并未本着耶稣精神，也并未完善成熟。

我遵循基督教义，怀着深切的爱，寻求以忠实真诚的心来为它服务。然而，我并不想以扭曲破碎的思想来为它辩护，而是想敦促它秉持真诚的精神，探讨自己的过去，并与思想界进行交流，从中领悟自己真正的本质。

提出源自"敬畏生命"这一伦理宗教性观点的根本性思想，借此让基督教与思想界更贴近、更了解彼此，是我最大的希望。

常有人问我是悲观主义者还是乐观主义者，我的答复是：在认知上我是悲观的，然而我总怀着乐观的意愿与希望。

我的悲观在于经历了许多在我们理解中根本毫无意义的世事，而且是以最沉重、最惨烈的方式去经历的。人生至此，我只有在极少数的片刻，才真正为自己活着而感到高兴。看着周遭受苦的生命——不仅仅是人，还有其他生物——我总是忍不住感同身受。然而我从未试图摆脱这种悲悯之心。对我而言，所有人皆须分担世间之苦，这是理所当然的事。中学时我就已经清楚，没有任何一种对世间之恶的解释能让我满意，它们最终都只会落入某种诡辩，而且唯一的目的就是让人对自己周遭的不幸与痛苦不至于那么感同身受。一个像莱布尼茨（Leibnis）[1]这样的思

1　译者注：莱布尼茨（1646—1716），德意志著名哲学家、数学家，历史上少见的通才，有"17 世纪亚里士多德"之称。在数学方面，与牛顿先后发明微积分；在哲学方面，以乐观主义闻名，为 17 世纪最伟大的理性主义哲学家之一。

想家，居然能提出"这个世界尽管不好，却可能是现有的最好的世界"这种蹩脚说法，对此我永远无法理解。

尽管如此关注世间之苦难，我却从未迷失在对这些问题的思索中，而是坚持着这样的想法：人生在世，每个人都被赋予了某种能力，以终止某些苦难。就这样，我逐渐接受了一个事实——或许我们唯一能够理解的，就是每个人都应该走一条能够救赎他人的人生道路。

对于人类当前的处境，我也是悲观的。我无法说服自己现状可能不像表面看起来那么糟，并意识到如果人类将目前这条路继续走下去，终究会进入某种新的"中世纪黑暗时期"。我能想象到，若摒弃思想与理想，我们在精神与物质生活上将遭受何等惨烈的灾难。然而，我依然保持乐观。我有个自孩提时代以来就一直谨守、从未丢弃的信念，那就是相信真理。来自真理的精神力量，要比环境影响的威力更强大，对此我满怀信心。在我看来，人类未来唯一的命运，将是用自己的思想与信念创造而成的。我相信，人类未必会走上衰败之路。

抗拒思想匮乏且在人格特质上够诚恳、够具深度的人，假如认为伦理进步的理想能从自身传递力量，那么一种强大的精神革新行动便会由此展开，并在人性中产生新的思想与信念。

我对真理与精神的力量抱有信心，从这一维度来看，我相信人类的未来是美好的。况且，肯定世界与生命的理念，本身就饱含乐观的意愿与希望，因此也不必惧怕直视阴暗现实的真正面貌。

在我的生命里，有时得面对众多的烦忧、困难与悲伤，如果不够坚强，或许我早就已经被击垮。多年来，巨大的责任与随之而来的疲惫始终沉重地压在我身上；在生活中我留给自己的时间并不多，我与妻儿相处的时间就更少了。

然而，我也得到许多福气：我能够服务于慈善事业，并且做得很成功；我得到了许多人的爱与善意；我有忠实可靠的助手，他们认真地把我的事当成自己的事来做；我身体健康，禁得起辛苦工作；我的性情总是很平和，能冷静沉着地行事。我珍惜并感谢所有降临在自己身上的幸运，并通过行动对此加以回报。

在许多人遭受压迫、失去自由的时代，我还能以自由之身做自己想做的事，对此我非常感恩。即使是做实务性的工作，却有机会同时从事精神领域的工作，也让我心怀感激。

人生以如此形形色色、各种各样的方式，为我的创作提供有利的条件，我将此视为一种恩赐，并努力证明我值得这样的恩赐。

我打算做的那些事，之后还能完成多少呢？

我的头发已开始花白。一直被我过度折腾的身体，也开始感觉到年岁带来的疲惫。回想过去那段完全不用顾虑体力、可以不眠不休做体力活儿与脑力活儿的年代，我的心里充满感激。

至于未来，我则会平静以待，即使将来有一天我必须做出取舍，也能够有心理准备。不论身为行动者还是受苦者，我们都必须彰显人的理性，那使人突破逆境，获得平和力量的，高于一切的理性。

于兰巴雷内

1931 年 3 月 7 日

史怀哲自传
结语

史怀哲年表

1875 年　　1 月 14 日出生于上阿尔萨斯区凯瑟斯堡，是路德维希·史怀哲牧师家的第 2 个孩子。

1880—1884 年　　就读于根斯巴赫小学。

1885 年　　就读于上阿尔萨斯区明斯特的实科中学。

1885—1892 年　　就读上阿尔萨斯区慕尔豪森的普通中学。6 月 18 日，毕业考试。10 月底，开始在斯特拉斯堡大学就读神学与哲学。

1894 年　　4 月 1 日起开始服役。同年秋天，展开“一贯末世论”的神学构想。

1896 年　　在圣灵降临节假期，立下 30 岁起要“直接为人类服务”的誓言。

1898 年　　5 月 6 日，第 1 次神学考试。10 月，于巴黎索邦大学研修。接受魏多的管风琴弹奏指导。

1899 年　　3 月，返回斯特拉斯堡。同年夏天，在柏林进修。开始研读文化哲学。7 月，在斯特拉斯堡获得哲学博士学位。12 月，担任斯特拉斯堡圣尼古拉教堂的见习牧师。

1900 年　7 月 15 日，第 2 次神学考试。7 月 21 日，获神学博士学位。

1901 年　5 月至 9 月，暂代斯特拉斯堡圣托马斯神学院院长一职。

1902 年　3 月 1 日，取得斯特拉斯堡大学编外讲师授课的资格。

1903—1906 年　正式任职斯特拉斯堡圣托马斯神学院主管。

1904 年　秋天，因巴黎传教协会报道刊物上的一篇文章，领悟到何为"直接为人类服务"。

1905 年　10 月 13 日，告知亲友决定以医生身份去热带地区服务的消息。

1905—1912 年　就读医学院。

1912 年　成为实习医生。春天，辞去斯特拉斯堡大学与圣尼古拉教堂布道办公室的教职。于巴黎修习热带医学课程。7 月 18 日，与海伦娜·布雷斯劳结婚。

1913 年　2 月，获医学博士学位。3 月，出发前往兰巴雷内。

1913—1917 年　兰巴雷内的第 1 次服务行动。在巴黎基督教传教协会传教站创办医院。

1915 年　9 月，在航经洛佩斯角与恩勾摩之间的非洲村落时，顿悟"敬畏生命"即是最能表达其生命理论与文化哲学的观念。

1916 年　母亲在根斯巴赫的一场意外中过世。

1917—1918 年　先后被拘禁于波尔多、加瑞松（比利牛斯山区）以及圣雷米（普罗旺斯）的战俘营。

1918 年	7 月，经由瑞士回到家乡根斯巴赫。拘禁期间留下严重病根，接受手术治疗。任职斯特拉斯堡圣尼古拉教堂的代理牧师和市民医院之助理医师。
1919 年	1 月 14 日，女儿蕾娜出生。
1920 年	于瑞典进行有关兰巴雷内的讲座与演讲，并举办管风琴演奏会。由苏黎世神学院授予荣誉博士学位。
1921 年	大斋期的第 5 个主日，担任巴塞罗那加泰罗尼亚合唱团演出《巴赫马太受难曲》的管风琴伴奏，该演出是这首曲目在西班牙的首演。
1921—1922 年	于瑞士、英国、瑞典、丹麦举行演讲及音乐会。
1923 年	1 月，在布拉格举行有关文明哲学的演讲。
1924—1927 年	第 2 次旅居兰巴雷内行医，重建医院。
1925 年	父亲过世。
1927 年	1 月 21 日，医院搬迁。新医院位于原传教站上游几公里处。
1927—1929 年	于瑞典、英国、荷兰、丹麦、捷克斯洛伐克及瑞士进行演讲；于德国举办管风琴音乐会。
1928 年	获颁法兰克福歌德奖章，于歌德故居发表致谢演说。
1929—1932 年	第 3 次到兰巴雷内行医服务。
1932 年	3 月 22 日，于法兰克福歌剧院举行的歌德逝世 100 周年纪念会上发表演说。
1932—1934 年	第 4 次到兰巴雷内服务。

1934 年	10 月，于英国牛津大学希伯特讲座发表演说《现代文明中的宗教》。11 月，于爱丁堡大学基佛德讲座发表演说《自然神学与自然伦理学之问题》。
1935 年	2 月—8 月，第 5 次旅居兰巴雷内。
1937—1939 年	第 6 次到兰巴雷内服务。
1939 年	1 月 12 日出发返回欧洲，因战争风险仅短暂停留。3 月 3 日再度返抵达巴雷内。
1939—1948 年	第 7 次到兰巴雷内服务。
1949 年	于阿斯彭（美国科罗拉多州）的歌德诞辰 200 周年纪念会上发表演说。
1949—1951 年	第 8 次到兰巴雷内服务。
1950 年	通过在阿斯彭进行与歌德有关的演说得到的资助，开始在医院不远处兴建麻风村。
1951 年	获得德国出版协会和平奖。12 月，第 9 次前往兰巴雷内。
1952 年	入选法兰西人文科学院院士。发表演说《人类思想高度发展下的伦理问题》。第 10 次前往兰巴雷内。
1953 年	10 月，获颁 1952 年诺贝尔和平奖。
1954 年	4 月，呼吁各国科学家对其人民阐释氢弹的可怕威力。返回欧洲。10 月 1 日，发表获颁诺贝尔和平奖致谢演讲。第 11 次前往兰巴雷内。
1955 年	第 12 次前往兰巴雷内。
1957 年	5 月，呼吁全人类反对核武。6 月 1 日，妻子于苏黎世过世。第 13 次前往兰巴雷内。

1958 年　1 月 25 日，将妻子的骨灰葬于兰巴雷内。4 月 28 日起连续 3 天在挪威电台发表 3 场公开演说，呼吁警惕核武器。9 月，在瑞典报纸《晨报》上发表诉求，要求全球立即停止核武器试验。

1959 年　第 14 次（最后一次）前往兰巴雷内。

1965 年　1 月 14 日，90 岁生日。9 月 4 日，于兰巴雷内逝世。

史怀哲作品一览表

1898 年　《尤金·孟许》（Eugène Munch），慕尔豪森，上阿尔萨斯区。

1899 年　《康德的宗教哲学：从〈纯粹理性之批判〉到〈单纯理性限度内的宗教〉》，杜宾根。

1900 年　《19 世纪的哲学与普通教育》，收录于《19 世纪——世纪之交的 24 篇文章》，斯特拉斯堡。

1901 年　《根据 19 世纪之学术研究及历史记载探讨圣餐仪式之课题》，杜宾根。
　　　　　《救世主与受难的秘密：耶稣生平研究》，杜宾根。

1905 年　《音乐诗人巴赫》，巴黎。

1906 年　《德法两国的管风琴制作技术和演奏艺术》，莱比锡。第二版发行于 1907 年。
　　　　　《从莱玛鲁斯到雷德：耶稣生平研究史》，杜宾根。1913 年大幅扩充重新出版，名为《耶稣生平研究史》。

1908 年　《巴赫传》，莱比锡。

1909 年　《国际管风琴制造规约调整》，维也纳及莱比锡。

1911 年　《保罗教义研究史》，杜宾根。

1912 年　《巴赫的管风琴序曲与赋格——附实用演奏说明之评论
　　　　　版》，卷一《序曲与赋格》；卷三／卷四（1913 年）；卷五《协
　　　　　奏曲与奏鸣曲》（1914 年），纽约。

1913 年　《对耶稣的精神医学研究》，杜宾根。

1921 年　《在水域与丛林之间》，伯恩。1925 年起亦出版于慕尼黑。

1923 年　《文明的衰败与重建——文明的哲学·卷一》，慕尼黑与
　　　　　伯恩。

　　　　　《文明与伦理——文明的哲学·卷二》，慕尼黑与伯恩。

1924 年　《基督教与世界宗教》，慕尼黑与伯恩。

　　　　　《童年与青年时期回忆》，慕尼黑与伯恩。

1925 年　《兰巴雷内通讯》第 1、2 期，慕尼黑与伯恩。

1927 年　《兰巴雷内通讯》第 3 期，慕尼黑与伯恩。

1928 年　《白种人与有色人种之关系》，英文版发表于《当代评论》，
　　　　　纽约；德文版，1950 年，哥廷根。

1929 年　《自述》特别版，原收录于《自述中的当代哲学》卷七，
　　　　　莱比锡。

1930 年　《使徒保罗的神秘主义》，杜宾根。

1931 年　《我的生活与思想》，莱比锡。

1932 年　《纪念歌德演说》，演说于 1932 年 3 月 22 日，慕尼黑。

1934 年　《现代文明中的宗教》，原收录于《基督教世纪》11 月
　　　　　21 日和 28 日期，英文版，纽约。德文版，1950 年，哥廷根。

1935 年　《印度思想家的世界观：神秘主义与伦理学》，慕尼黑与
　　　　　伯恩。1965 年扩充再版。

1936 年　《非洲狩猎故事》，斯特拉斯堡。

1937 年　增印《非洲狩猎故事》部分照片，莱比锡。

1938 年　《非洲故事》，莱比锡与伯恩。

1946 年　《非洲日记：1939—1945》，发表于期刊 *Universitas*，第八期，11 月。

1947 年　《我们文明的处境》，英文版，*Christian Register*，纽约。德文版，《史怀哲访谈》，1948 年，巴塞尔。

1948 年　《丛林医院》，慕尼黑。

1949 年　《歌德：三场演说内容》，慕尼黑。

1950 年　《歌德：四场演说内容》（三场演说内容之扩增版），慕尼黑。
　　　　《哲学与动物保护运动》，自印，根斯巴赫。
　　　　《鹈鹕的一生》，汉堡。

1951 年　《耶稣生平研究史》第六版，增添前言（特别纪念版），杜宾根。

1953 年　《从末世论到非末世论信仰重构过程中的天国理念》，发表于《瑞士神学展望》，伯恩。

1954 年　《今日世界的和平问题》，慕尼黑。
　　　　《来自兰巴雷内的信》（集结 1925 年与 1927 年之《兰巴雷内通讯》，新版），慕尼黑。

1955 年　《人类思想发展中的伦理问题》，收录于《史怀哲——人道主义之天才》，法兰克福。
　　　　《赤道的降雨与好天气》，海登海姆。

1957 年　《呼吁人类》，海登海姆。

1958 年　《和平或核战争》，慕尼黑。

1961 年　撰写《人道》，出版于 1966 年，慕尼黑。

1962 年　撰写《和平之道在今天》，出版于 1966 年，慕尼黑。

遗作出版

1966 年　《斯特拉斯堡布道集》，慕尼黑。

1967 年　《上帝之国度与基督教》，杜宾根。

1974 年　《我们该做些什么：12 场关于道德问题之布道》，海德堡。
　　　　遗作全集，共 5 册，海德堡。

作品集

1950 年　《思想与行为》作品选，汉堡。

1956 年　《史怀哲作品》，共 19 册，东京。

1971 年　作品选集，共 5 册，柏林（东）。

1974 年　作品选集，共 5 册（柏林版本授权印刷），苏黎世与慕尼黑。